秘書検定 新クリアテスト 1級・準1級

SECRETARY

CLEAR TEST

早稲田教育出版

まえがき

秘書技能検定試験は，スタートしてからの志願者数が800万人に迫っております。大学，短大，ビジネス系専門学校の学生や，高校生からオフィスで働く人々まで，幅広い支持を得ている検定です。それはこの検定が問うているオフィスの基本的職業能力（感じのよい態度振る舞い，言葉遣い，話し方など）がいつの時代も求められているものだからでしょう。

この問題集は，その秘書検定合格を目指す人のための受験対策用問題集です。秘書技能検定試験の領域である理論編（「必要とされる資質」「職務知識」「一般知識」）と実技編（「マナー・接遇」「技能」）の5領域別に，過去の出題傾向を踏まえた模擬問題で構成しています。

また準1級，1級それぞれの巻末に，本試験と同形式の模擬試験と，実際に出題された過去問題も掲載しています。模擬問題・模擬試験・本試験のいずれにも解説がありますから，熟読してください。
加えて，面接試験の流れや審査の内容と，実技練習のための具体的な方法をまとめました。ロールプレーイングの準備にお役立てください。

読者の皆さんが，この本で勉強されることにより

①領域別の模擬問題を多く解くことで理解がさらに深まる
②模擬試験，本試験を解くことで実力がさらに培われる

そして，

③短期間でも問題を解くことにより，知らず知らずに実力がアップし，見事に合格ラインをクリアする

ということを目標にこの本を作りました。
本書を有効活用して，多くの方が秘書検定に合格されることを願っています。

　　　　　　　　　　　公益財団法人 実務技能検定協会　秘書技能検定部

■ 本書の利用の仕方 ■

■ 本文
理論編「必要とされる資質」「職務知識」「一般知識」と実技編「マナー・接遇」「技能」に分かれた模擬問題で構成されています。各領域問題にじっくりと取り組むことで，理解が深まり〈合格する力〉が身に付きます。また設問の解答，詳しい解説は右ページに掲載してありますから，効率よく効果的に答えを確認することができ，テンポよく学習を進めることもできます。

なお，各問いの『解答番号』は，印刷の濃さを薄くし，目に入ることで考える妨げにならないよう配慮してあります。

■ テスト
テスト1：実力テスト／実際の試験問題と同じ形式。合格の目安付き。
テスト2：本番テスト／実際に出題された過去問題を掲載。設問の難易度ランク付き。
これらのテストは問題を解いて実力を培うための，総仕上げです。解けなかった問題はチェック欄を利用し，理解できるまで挑戦してみることが大切です。解答解説は別冊になっていて，取り外しができるので便利です。

■ 面接対策
準1級と1級の筆記試験合格者には，面接試験があります。準1級の課題は「あいさつ」「報告」「状況対応」，1級の課題は「報告」「応対」になります。

秘書としての態度・振る舞い・話の仕方を，課題によって問われているのが秘書検定の面接試験です。面接試験の実際について説明し，課題については課題例を掲載していますので，事前対策として，必ず声に出して読み，ロールプレーイングに取り組んでみてください。試験のシミュレーションをすることができます。

■ minimini KEYWORD
それぞれの領域でちょっと押さえておきたい用語を掲載しています。用語からも領域全体が見えてきます。

■ POINT
それぞれの設問ごとに，どういうことを問うているのか，そのPOINTを記載しています。問題の芯をつかんだり，解けなかった問題の対策などに役立ちます。

◆ 本書の漢字表記について

「常用漢字表」の改定，および日本新聞協会の「新聞常用漢字表」の改訂に伴い，秘書検定試験問題は平成23年度からこれらの資料を参考にして漢字表記が変更されています。本書ではその変更に準じて表記しています。
なお，解答する上では，新旧どちらの表記でも減点になることはありません。
(変更になった漢字表記例)
「個条書き」→「箇条書き」，「切手を張る」→「切手を貼る」，「あて名」→「宛名」など

秘書検定 新クリアテスト　1級・準1級　目次

まえがき ･･･ 2
本書の利用の仕方 ･･･ 3
秘書検定の受け方 ･･･ 6
秘書技能審査基準（1級・準1級）･････････････････････････････ 8

準1級

理論編

01 必要とされる資質
EXERCISE
- 秘書の心がけ ････････････････････････････････････ 12
- 機転・適切な対応 ････････････････････････････････ 14
- 新人・後輩秘書の指導 ････････････････････････････ 20
- 対人関係と心得 ･･････････････････････････････････ 22

ちょっと押さえておきたい用語「必要とされる資質」･･･････････ 26

02 職務知識
EXERCISE
- 秘書の役割と機能 ････････････････････････････････ 28
- 定型業務 ･･ 30
- 非定型業務 ･･････････････････････････････････････ 34

ちょっと押さえておきたい用語「職務知識」･･････････････････ 40

03 一般知識
EXERCISE
- 社会常識と企業経営 ･･････････････････････････････ 42

ちょっと押さえておきたい用語「一般知識」･･････････････････ 50

実技編

04 マナー・接遇
EXERCISE
- 敬語 ･･ 52
- 上司に対する言葉遣い ････････････････････････････ 54
- 話し方と人間関係 ････････････････････････････････ 56
- 忠告・説得の仕方 ････････････････････････････････ 58
- 来客応対・話し方 ････････････････････････････････ 60
- 電話の取り次ぎ ･･････････････････････････････････ 64
- 慶弔の知識 ･･････････････････････････････････････ 64
- 上書きの知識 ････････････････････････････････････ 70
- 贈答のマナー ････････････････････････････････････ 72
- パーティー・宴会のマナー ････････････････････････ 74

ちょっと押さえておきたい用語「マナー・接遇」･･････････････ 78

05 技　能
EXERCISE
- 会議の知識 ･･････････････････････････････････････ 80
- 文書の作成 ･･････････････････････････････････････ 82
- 社交文書 ･･ 84
- 郵便の知識 ･･････････････････････････････････････ 90
- 文書の取り扱い ･･････････････････････････････････ 90
- 情報管理 ･･ 94
- 日程管理とオフィス管理 ･･････････････････････････ 94

ちょっと押さえておきたい用語「技能」･･････････････････････ 98

テスト

06 直前模擬試験 ･･････････････････････････････････････ 99
- テスト1（実力テスト）･･････････････････････････････ 101

07 本試験問題 ･･ 109
- テスト2（本番テスト）･･････････････････････････････ 111

CONTENTS

面接
08 面　接
1. 準1級の面接試験の手順 ………………………… 120
2. 審査の基準 ……………………………………… 121
3. 試験に臨む前のチェックポイント ……………… 122
4. 面接試験の対応 ………………………………… 124
5. 面接模擬課題 …………………………………… 126
6. 面接本試験課題 ………………………………… 138

1級

理論編
09 必要とされる資質
EXERCISE ………………………………………… 144

10 職務知識
EXERCISE ………………………………………… 152

11 一般知識
EXERCISE ………………………………………… 158

実技編
12 マナー・接遇
EXERCISE ………………………………………… 164

13 技　能
EXERCISE ………………………………………… 180

テスト
14 直前模擬試験 ……………………………………… 187
テスト1（実力テスト）………………………………… 189

15 本試験問題 ………………………………………… 193
テスト2（本番テスト）………………………………… 195

面接
16 面　接
1. 1級面接試験の手順 …………………………… 202
2. 審査の基準とポイント ………………………… 203
3. 面接試験の対応 ………………………………… 204
4. 面接模擬課題【報告】 ………………………… 208
5. 面接模擬課題【応対】 ………………………… 212
6. 面接本試験課題 ………………………………… 216

準1級・1級 解答＆解説編（別冊）

06 直前模擬試験 解答＆解説 編 ……………………… 1
　テスト1　解答＆解説 ………………………………… 2

07 本試験問題 解答＆解説 編 ………………………… 9
　テスト2　解答＆解説 ………………………………… 10

14 直前模擬試験 解答＆解説 編 ……………………… 17
　テスト1　解答＆解説 ………………………………… 18

15 本試験問題 解答＆解説 編 ………………………… 25
　テスト2　解答＆解説 ………………………………… 26

■ 秘書検定の受け方 ■

1. 秘書検定の範囲
　試験は「理論領域」と「実技領域」に分けられます。理論領域には「Ⅰ必要とされる資質」「Ⅱ職務知識」「Ⅲ一般知識」があります。実技領域には「Ⅳマナー・接遇」「Ⅴ技能」があります。

2. 合格基準
　理論領域・実技領域とも,それぞれ得点が60％以上のとき合格となります。どちらか一方が60％未満のときは不合格となります。

3. 試験方法
　準1級と1級は筆記試験と面接試験があります。
　準1級の筆記試験は,問題の約60％がマークシート方式で,五つの選択肢から一つだけ選ぶ択一問題になっています。残りの約40％は記述式で,試験時間は130分です。
　1級の筆記試験はおおむね記述式で,試験時間は140分です。

4. 受験資格
　誰でも受験することができます。学歴・年齢その他の制限はありません。ただし,各級とも面接試験は,筆記試験合格者のみが受験することになります。

5. 試験実施日
　原則として,毎年6月,11月に実施されます。

6. 申込受付期間
　試験日のほぼ2カ月前から1カ月前までが受付期間となります。検定協会所定の「受験願書」が付いている「検定案内」で確認してください。

7. 受験申込方法
(1) 個人受験の場合
　以下の2種類の申込方法があります。
①インターネットで申し込む
パソコン，タブレット，スマートフォンで以下のアドレスにアクセスし，コンビニエンスストアまたは，クレジットカードで受験料を支払う。
　URL　https://jitsumu-kentei.jp/
②郵送で申し込む
現金書留で，願書と受験料を検定協会へ郵送する。
（願書は検定協会より取り寄せる）

(2) 団体受験の場合
　学校などを単位にしてまとめて申し込みをする場合は，検定協会所定の「団体申込用受験願書」が必要です。「受験願書」に必要事項を記入し，受験料を添えて必ず学校等の担当者に申し込んでください。

8. その他
　試験会場，受験料，合否通知，合格証の発行等については，秘書検定のホームページをご覧ください。不明の点は下記へお問い合わせください。

公益財団法人 実務技能検定協会　秘書検定部
〒169-0075　東京都新宿区高田馬場一丁目4番15号
電話　03(3200)6675　　FAX　03(3204)6758
https://jitsumu-kentei.jp/

■ 秘書技能審査基準（1級）■

【一次試験（筆記）】

> 程度：1級——秘書的業務全般について十分な理解があり，高度な知識を持つとともに，高度な技能が発揮できる。

I 必要とされる資質
（1）秘書的な仕事を行うについて備えるべき要件
　①秘書的な仕事を処理するのに十分な能力がある。
　②判断力，記憶力，表現力，行動力がある。
　③機密を守れる，機転が利くなどの資質を備えている。
（2）要求される人柄
　①身だしなみを心得，良識がある。
　②誠実，明朗，素直などの資質を備えている。

II 職務知識
（1）秘書的な仕事の機能
　①秘書的な仕事の機能を知っている。
　②上司の機能と秘書的な仕事の機能の関連を十分に知っている。

III 一般知識
（1）社会常識
　①社会常識を備え，時事問題について知識が十分にある。
（2）経営管理に関する知識
　①経営管理に関する一般的な知識がある。

IV マナー・接遇
（1）人間関係
　①人間関係についての知識が十分にある。
（2）マナー
　①ビジネスマナー，一般的なマナーを十分に心得ている。
（3）話し方，接遇
　①状況に応じた言葉遣いが十分にでき，高度な敬語，接遇用語が使える。
　②複雑で長い報告，説明，苦情処理，説得ができる。
　③真意を捉える聞き方ができる。
　④忠告が受けられ，忠告の仕方を十分に理解している。

（4）交際の業務
　①慶事，弔事の次第とそれに伴う庶務，情報収集とその処理ができる。
　②贈答のマナーを十分知っている。
　③上司加入の諸会の事務，および寄付などに関する事務ができる。

V 技能
（1）会議
　①会議に関する知識，および進行，手順についての知識が十分にある。
　②会議の計画，準備，事後処理が十分にできる。
（2）文書の作成
　①社内外の文書が作成できる。
　②会議の議事録が作成できる。
　③データに基づき，適切なグラフを書くことができる。
（3）文書の取り扱い
　①送付方法，受発信事務について知識が十分にある。
　②秘扱い文書の取り扱いについて知識が十分にある。
（4）ファイリング
　①適切なファイルの作成，整理，保管ができる。
（5）資料管理
　①名刺，業務上必要な資料類の整理，保管ができる。
　②要求された社内外の情報収集，整理，保管ができる。
（6）スケジュール管理
　①上司のスケジュール管理が十分にできる。
（7）環境の整備
　①オフィスの整備，管理ができ，レイアウトの知識がある。

【二次試験（面接）】
（1）ロールプレーイング　（審査要素）
秘書的業務担当者としての，態度，振る舞い，話の仕方，言葉遣い，物腰，身なりなどの適性。
　①上司への報告ができる。
　②上司への来客に対応できる。

■ 秘書技能審査基準（準1級）■

【一次試験（筆記）】

> 程度：準1級——秘書的業務について理解があり，1級に準じた知識を持つとともに，技能が発揮できる。

I 必要とされる資質
(1) 秘書的な仕事を行うについて備えるべき要件
　①秘書的な仕事を処理する能力がある。
　②判断力，記憶力，表現力，行動力がある。
　③機密を守れる，機転が利くなどの資質を備えている。
(2) 要求される人柄
　①身だしなみを心得，良識がある。
　②誠実，明朗，素直などの資質を備えている。

II 職務知識
(1) 秘書的な仕事の機能
　①秘書的な仕事の機能を知っている。
　②上司の機能と秘書的な仕事の機能の関連を知っている。

III 一般知識
(1) 社会常識
　①社会常識を備え，時事問題について知識がある。
(2) 経営管理に関する知識
　①経営管理に関する一般的な知識がある。

IV マナー・接遇
(1) 人間関係
　①人間関係について知識がある。
(2) マナー
　①ビジネスマナー，一般的なマナーを心得ている。
(3) 話し方，接遇
　①状況に応じた言葉遣いができ，適切な敬語，接遇用語が使える。
　②長い報告，説明，苦情処理，説得ができる。
　③真意を捉える聞き方ができる。
　④忠告が受けられ，忠告の仕方を理解している。

(4) 交際の業務
　①慶事，弔事の次第とそれに伴う庶務，情報収集とその処理ができる。
　②贈答のマナーを知っている。
　③上司加入の諸会の事務，および寄付などに関する事務が扱える。

V 技能
(1) 会議
　①会議に関する知識，および進行，手順についての知識がある。
　②会議の計画，準備，事後処理ができる。
(2) 文書の作成
　①社内外の文書が作成できる。
　②会議の簡単な議事録が作成できる。
　③折れ線，棒，円などのグラフを書くことができる。
(3) 文書の取り扱い
　①送付方法，受発信事務について知識がある。
　②秘扱い文書の取り扱いについて知識がある。
(4) ファイリング
　①ファイルの作成，整理，保管ができる。
(5) 資料管理
　①名刺，業務上必要な資料類の整理，保管ができる。
　②要求された社内外の情報収集，整理，保管ができる。
(6) スケジュール管理
　①上司のスケジュール管理ができる。
(7) 環境，事務用品の整備
　①オフィスの整備，管理，および事務用品の整備，管理が適切にできる。

【二次試験（面接）】
(1) ロールプレーイング　（審査要素）
秘書的業務担当者としての，態度，振る舞い，話の仕方，言葉遣い，物腰，身なりなどの適性。
　①一般的なあいさつ（自己紹介）ができる。
　②上司への報告ができる。
　③上司への来客に対応できる。

準1級 01
必要とされる資質

理論編

SECRETARY

各問いの『解答』は、印刷の濃さを薄くし、目に入ることで考える妨げにならないよう配慮してあります。

EXERCISE　秘書の心がけ

1 秘書Aの上司がY常務に代わった。Aは，前の上司のときと同じように秘書業務をしていたが，次第にY常務はAに仕事の指示をしなくなり，他の人に指示したり自分で行うようになった。次はこのようなことに対して，Aが考えたことである。中から不適当と思われるものを一つ選びなさい。

1) 同僚に尋ねたりしながら，自分で反省点を探すようにしてみようか。
2) 上司に，Aの至らない点は指摘してもらえないかと頼んでみようか。
3) 上司に，Aのどこが気に入らなくなったのかを素直に尋ねてみようか。
4) しばらくは様子を見ることにして，上司が仕事を指示しなくなった原因を探すようにしようか。
5) Y常務の前任の秘書に注意していた点などを尋ねて，自分の仕事のやり方を見直してみようか。

2 秘書Aの上司は，最近仕事が忙しく体調がよくないようである。Aは上司の体調を気遣ったスケジュール作りを考えた。Aはどのような気遣いをすればよいか。箇条書きで三つ書きなさい。

記述

3 秘書Aの上司（営業部長）が代わって1カ月がたった。次はこの間に，この部署での経験が長いAが上司に言ったり，心がけていることである。中から不適当と思われるものを一つ選びなさい。

1) 自分の方が営業部の業務について知っていることも多いので，上司が気楽に聞ける雰囲気をつくる。
2) 雑談の中で部員の仕事ぶりの話が出たとき，知っていることは誰のことでも気軽に聞いてもらいたいと言った。
3) 取引先の部長が前上司を訪ねて来たとき，上司が代わったことを伝え待ってもらい，会ってもらえないかと上司に言って頼んだ。
4) 定例部長会議の資料は今まで通りに作成したが，確認してもらうとき，変えた方がよいところがあれば言ってもらいたいと言った。
5) 取引先の部長と顔合わせの食事会をするが，知らないこともあるので同席してもらいたいと言われたとき，顔合わせなら二人の方がよいと言った。

必要とされる資質

LECTURE　　　　　秘書の心がけ

1　解　答　3)

「解説」
秘書は上司の仕事を補佐するために上司に付いているのである。仕事を指示されないのはなぜなのかを，必要なら周りの人に尋ねるなどしながら自分で反省しないといけない。上司に，どこが気に入らないのかと尋ねるようなことではないということである。

POINT! 上司が代わったときの秘書業務の仕方

2　記述／解答例
1) 面会の予約を集中させないようにする。
2) 上司でなくても用が済む面会や会議の予約には，代理の者を立てられるようにしておく。
3) 社外での面会や会議の行き帰りに，時間の余裕をみておく。

「解説」
上司の負担の軽減を考えるスケジュール管理は，時間的に余裕を持たせることがまず大切である。次に面会や会議の代理を考えることが大切になる。

POINT! 体調を気遣うスケジュール

3　解　答　5)

「解説」
Aはこの部署の経験が長い。上司は新任である。その上司が取引先との会合に，知らないこともあるので同席してもらいたいと言っている。顔合わせであっても取引先との会合だから，仕事の話は抜きということはない。Aが断るのは不適当ということである。

POINT! 新任の上司への対応

EXERCISE　機転・適切な対応

4 秘書Aの上司（部長）はのんびりタイプである。部下の課長はせかせかタイプのため，Aは性格の違う2人の間で特に気遣いをすることがある。次はその例である。中から不適当と思われるものを一つ選びなさい。

1) 課長が，すぐに部長に目を通してもらいたいと言って持ってきた書類に，今日中ということでは駄目かと確かめた。
2) 部内会議の日時をみんなに知らせたとき，課長に，会議終了時刻のすぐ後には面談などの予定を入れない方がよいと言った。
3) 課長から，部長が戻ったら知らせてもらいたいと言われていたとき，部長が戻って少し間を置いてから，部長が戻ったと連絡した。
4) 課長から，明後日の午前中に取引先に持って行くので印をもらいたいという契約書を預かったとき，部長には明日の夕方までにと言った。
5) 取引先へ部長と課長が一緒に出向くことになったとき，課長に，部長が席を立ったら知らせるのでそれまでは自席にいてもらいたいと言った。

5 秘書Aの会社では，上司が委員長になって，新製品発表会の準備が進められていて，Aもその委員会のメンバーである。委員会ではTホテルを会場に決めたが，予算面で最終決定が出ていない。そのような折り，Tホテルの担当者から「他から予約の問い合わせがあるので，早く決定してもらいたい」という電話があった。上司は出張中である。このような場合，Aは担当者にどのような対応をすればよいか。次の中から不適当と思われるものを一つ選びなさい。

1)「そちらの都合もあるだろうが，こちらの予算に合わせてもらえば何とかなるだろう」と言っておく。
2)「出張先の上司に連絡してみるが，そちらも見積もり金額を，もう一度検討してもらえないか」と頼んでみる。
3)「最終決定にはもう少し時間が欲しいが，そちらにほぼ決まりかけているので，予約を入れておきたい」と言っておく。
4)「残されている問題は予算面だけなので，他からの問い合わせの返事は延ばしておいてもらえないか」と頼んでみる。
5)「現在のところまだ検討中だが，上司が戻るまで返事を待ってもらいたい」と頼み，「上司が戻ったら連絡する」と言っておく。

必要とされる資質

LECTURE　　機転・適切な対応

4　解答　5)

POINT! 性格の違う上司への気遣い

「解説」
せかせかタイプとは、少しの間も休むことができないということである。であれば出かけるときも早めに行動するだろうが、この場合課長は、上役である部長と一緒の外出なのだから、課長の方が先に準備をして部長を待つのは普通のこと。秘書であるAが課長に、部長が席を立つまで自席にいてもらいたいと言うのは不適当ということである。

5　解答　3)

POINT! 新製品発表会場のホテルから早く決めてほしいと電話、上司は出張中

「解説」
上司が委員長の委員会では会場をTホテルに決めた。しかし、予算面ではまだ決まっていない。となると、後は予算決定部署（者）との間でどうなるかということになる。従って、最終的にどうなるかまだ分からないのだから、予約はできないということである。

必要とされる資質

6 秘書Aが上司（部長）の指示で明後日の打ち合わせで使用する資料を作成していると，常務が「至急これをR社に届けてもらいたい」と封筒を持ってきた。常務秘書は今，別の急ぎの用事で外出しており，帰社を待っていては間に合わないのだという。届けるとなると，1時間くらい席を外すことになる。このような場合のAの対処について，順を追って箇条書きで三つ答えなさい。

記述

7 次は，山本部長秘書Aが行った来客などへの対応である。中から<u>不適当</u>と思われるものを一つ選びなさい。

1) 上司から，長居するので困る，何とかならないかと言われていた取引先の部長が訪れたとき
「今日は30分後に外せない用が入ってしまいました。20分のお時間でお願いできますでしょうか」
2) 新人秘書の受付の態度が悪いと注意を受けたとき
「ご指摘いただきありがとうございます。今後そのようなことがないよう十分に指導してまいります」
3) なるべく深入りしたくないといっていたことの取材に業界紙の記者が訪れたとき，上司は出張中だったので
「あいにく山本は出張いたしております。課長でしたら対応できると思いますが，いかがいたしましょうか」
4) 二日酔いで頭が痛いといっているとき，昨夜一緒だった他部署のS部長に部長の在否を聞かれて
「お部屋においでですが，今朝は二日酔い気味とおっしゃっています。S部長はいかがでいらっしゃいますか」
5) 上司は在席しているが，用件に関わりたくないので断るようにと言われている知人が訪れたとき
「山本からは，お断りするようにと申し付かっております。今日のところはお引き取り願えませんでしょうか」

8 秘書Aの上司（常務）は，3時には戻る予定で外出中である。そのような折，部長が訪れた。Aが上司は外出中と言うと，打ち合わせたいことがあり，昨日，今ごろの時間（2時30分過ぎ）と約束している，どこに行ったのかと言われた。Aは上司から，行き先（K社）は内密にするようにと言われている。このような場合Aは，部長にどのように言えばよいか。その言葉を答えなさい。

記述

SECRETARY 01　必要とされる資質

6 記述解答例
1. 常務の封筒を預かり，上司に常務からの依頼の件を話し了承を得る。
2. 上司の了承を得たら，封筒をR社に届ける。
3. 帰社したら，上司と常務に届けたことを報告し，打ち合わせ資料の作成を続ける。

POINT! 仕事の依頼が重なったときの対処

7 解答　3)

「解説」
この場合は，上司が不在のとき課長に取り次ぐという一般的な対処法では，会社として深入りしたくないという上司の意向に沿った対応にならない。もし，課長が十分事情を把握しないまま取材に応じてしまうと，深入りすることになる危険性がある。

POINT! 来客対応の言葉遣い

8 記述解答例
申し訳ございません。詳しいことは分かりかねますが（行き先は伺っておりませんが），常務は外出先でのご用件が長引いているようでございます。3時ごろには戻られるご予定ですので，お戻りになりましたらすぐにご連絡いたします。しばらくお待ちくださいませんでしょうか。

「解説」
打ち合わせの予定があるが，常務は外出中である。行き先は内密にと言われているのだから言えない。となると，用件が長引いているという言い方が無難ということになる。戻る時間は分かっているのだからそれを言うことと，謝って，待つことをお願いすることになるということである。

POINT! 上司が間もなく戻る予定で外出中に約束したと部下が来た

17

必要とされる資質

9 秘書Aは会議から戻ってきた上司から，今日の資料のセットに不備があったと言われた。資料のセットが議題の順と違っており，出席者が，必要な資料を探すのに手間取ったのだという。セットは，上司の指示でAが後輩Bに頼んでやってもらったものである。このような場合Aは，上司にどう対応するのがよいか。次の中から適当と思われるものを一つ選びなさい。

1) 迷惑をかけて申し訳なかった，後でBと二人で，出席者全員にも謝っておくと言う。
2) 自分のBへの指示が悪かったために迷惑をかけて申し訳なかった，今後気を付けると言う。
3) 自分がBに頼んだのだが気付かなくて申し訳なかった，後でBからもわびさせると言う。
4) 申し訳なかった，Bに，後で自分から注意しておくが上司からも一言注意をしてもらいたいと言う。
5) 迷惑をかけて申し訳なかった，まだしばらくの間資料のセットは自分がすることにするが，それでよいかと言う。

10 秘書Aの上司（M部長）はS部長と反りが合わないらしく，上司はS部長のことをよく言わない。そのS部長からAは食事に誘われた。このような場合どのような対応がよいか。次の中から適当と思われるものを一つ選びなさい。

1) S部長に誘いの理由を聞いて仕事と関係がないようであれば誘いを受ける。
2) 上司と反りが合わない部長からの誘いなので，どのようにしたらよいかと上司に尋ね，上司の意向に従う。
3) 二人の部長がうまく行くきっかけにもなるので，S部長に，M部長にも声をかけてもらえば一緒に行くという。
4) 二人が反りが合わないことと，個人的な誘いは関係ないことだから，自分の気持ちで誘いを受けるか断るかを決める。
5) 上司と反りが合わない部長からの誘いで，上司のことが話題になるかもしれないから，理由を作ってさりげなく断る。

SECRETARY 01　必要とされる資質

9　解答　2)

「解説」
上司は，資料のセットが違っていたと言っている。資料のセットは，上司の指示によるものではあるがAがBに頼んでやってもらったもの。従ってAの指示がどのようなものだったかはともかく，責任はAということになり，そのことを謝るのが適切ということである。

POINT!
後輩に頼んだ仕事に不備があった

10　解答　4)

「解説」
取引先からの誘いではなく，同じ社内の部長の個人的な誘いである。上司に尋ねることではなく，自分の気持ちで判断すればよいことである。また，上司のことが話題になれば，適切に応じて話せばよい。それを断る理由にする必要はない。

POINT!
上司と反りが合わない部長から食事の誘い

EXERCISE　新人・後輩秘書の指導

11 秘書Aの下に新人Bが秘書として配属されてから半年が過ぎた。しかし，Bの仕事ぶりは一向に秘書としてふさわしいものにならない。時折とんちんかんなことをしており，指導を担当しているAとしては頭が痛い。このような場合の①指導上の反省と②Bへの対処について，それぞれ箇条書きで二つ書きなさい。

記述

① 指導上の反省について

② Bへの対処について

12 秘書Aは他部署の秘書Bから「先輩から仕事の一部を引き継いだが，責任のある新しい仕事ばかりで自分にできるかどうか自信がない。どうすればよいか」と相談された。このような場合，AはBにどのようなアドバイスをするのがよいか。次の中から不適当と思われるものを一つ選びなさい。

1) 初めての仕事で不安だろうが，やっていくうちに徐々に自信は付くものなので心配はいらないのではないか。
2) うまくいかないことがあっても，先輩よりキャリアが短いのだから，ある程度は仕方がないと思ったらどうか。
3) 先輩から仕事を引き継いだのだから，まずやってみて，うまくいかない仕事は先輩に戻したらよいのではないか。
4) 新しいことにチャレンジしようとする気持ちが重要で，やっていくうちにうまくいくようになり，自信も付くのではないか。
5) 仕事を引き継いだのだから，自信がないからといって，今さら他の人に代わるわけにはいかないので，頑張るよりほかはないのではないか。

13 秘書Aは，上司から「新人のBの態度，振る舞いが粗雑なので，注意するように」と言われた。そこでAは粗雑でない態度，振る舞いとはどういうものかを具体的に教えることにした。どのようなことを教えればよいか。具体例を箇条書きで三つ答えなさい。

記述

SECRETARY 01　必要とされる資質

LECTURE　　新人・後輩秘書の指導

11 記述解答例
① 指導上の反省について
・秘書の仕事としての目標を示したか。
・上司の社内外における地位, 位置付け, 活動, それらの業務との関係を指導したか。
② Bへの対処について
・Bが秘書業務に適しているかを考える。
・Aの失敗例などを話し, Bの機転の及ばないところを指導する。

POINT! 頼りない新人秘書の指導

「解説」
その他として, ①は「上司の性格や好みなどを考えた指導をしたか」, ②は「Bの性格, 生活態度, 生活信条を知るようにする」などもよい。

12 解答　3)

POINT! 自信がないという他部署の秘書へのアドバイス

「解説」
引き継いだ仕事ができるかどうか自信がないということへの助言である。従って, 引き継いだことをやっていく気になるようなことを言わなければいけない。できなければ戻せばよいというのでは助言になっていない。

13 記述解答例
1. 書類や物の受け渡しは, 両手で行うこと。
2. 部屋の出入りの際は, ドアの開閉を静かにすること。
3. お辞儀は首だけでせず, 腰から上体を曲げてきちんとすること。

POINT! 新人への態度,振る舞いの注意の仕方

「解説」
解答例の他に「歩き方は, がさつな印象を与えないように静かにすること」「人の前に立つときは, 両手を体の前で重ねること」「席を離れるときは, 椅子を静かに机の下へ入れること」などもよい。

必要とされる資質

14 秘書課のAは上司から,「先日企画課から異動してきたBは,私の見るところでは秘書向きではないと思うが,先輩秘書としてあなたはどう思うか」と尋ねられた。このような場合,Aはどのように答えたらよいか。次の中から不適当と思われるものを一つ選びなさい。

1) 「企画課と秘書課では仕事の内容が違うので,Bにはそこから指導していこうと思っている」と言う。
2) 「Bは秘書課に来てまだ日が浅いので気にしていなかった,これから気に留めるようにする」と言う。
3) 「今までの人も,異動してきた当初はそのように感じたので,Bの場合も同じなのではないかと思う」と言う。
4) 「私には分からないが,人事課で向いていると判断して異動になったのだろうから,向いているのではないか」と言う。
5) 「どういうところが秘書課向きではないのか,気付いているところを教えてもらいたい,そこから指導してみる」と言う。

EXERCISE 対人関係と心得

15 秘書Aは,上司と個人的にも親しい取引先の部長から,海外旅行の土産だといってハンカチをもらった。いつもスケジュール調整などで手数をかけているので,そのお礼ということである。このようなことにAはどのように対応すればよいか。箇条書きで三つ答えなさい。 記述

16 秘書Aの上司は最近忙しいせいか,機嫌が悪く部下に当たることがある。このようなことをAは部下の人たちに,どのように言ってあげるのがよいか。次の中から不適当と思われるものを一つ選びなさい。

1) 誰かれなしに当たっているようなので,忙しさが無くなれば治まると思うと言う。
2) 上司に用事があるときは前もって教えてもらえば,上司の機嫌の状態を知らせると言う。
3) 当たるのは人に対してだから,例えば報告などはしばらく文書ですればよいと思うと言う。
4) 部下に当たるのは,忙しくてイライラしてのことだから,あまり気にしなくてよいのではないかと言う。
5) 用事があるときに声をかけてもらえば,自分が近くにいるようにしようか,上司は少しは気にするかもしれないからと言う。

14 解答　4)

POINT! 上司から後輩について尋ねられた

「解説」
先輩としてAはどう思うかと上司に尋ねられたのである。まだ日が浅いとしても，後輩だから何らかの見方はある。それが答えになる。人事課で向いていると判断したから…はAの見方の答えではないので不適当ということである。

LECTURE　対人関係と心得

15　記述　解答例

1. 心遣いをしてくれたことに礼を言って受け取る。
2. 自分がいつも行っていることは仕事としてなので，今後心遣いは不要と言う。
3. ハンカチをもらったことを，上司に報告する。

POINT! 取引先から個人的に土産物をもらった

「解説」
この場合の礼というのは，いろいろ世話になっていることへの感謝なのだから，素直に受け取ってよいものである。ただし，世話は仕事として行っているものだということを言い添える必要がある。また，相手は取引先なのだから上司への報告も必要ということである。

16　解答　5)

POINT! 上司が当たることがある部下へかける言葉

「解説」
上司が部下に当たる原因は分かっているのだから，部下たちを安心させるのが秘書としての気遣いである。自分が近くにいれば上司が少しは気にするだろうと言うのは，秘書の振る舞いで上司に影響を与えられるかのような印象を与えるので不適当ということである。

必要とされる資質

17 秘書Aの上司は提出された資料に目を通していたが，ミスがあることに気付き，作成者に注意しておくようにと言ってAに資料を渡した。この場合Aは作成者に，このことをどのように伝えればよいか。次の中から適当と思われるものを一つ選びなさい。

1) 「上司から，この資料にミスがあるので注意しておくようにと言われた」と言う。
2) 「上司が，この資料にミスがあると言っていたので，もう一度確認してもらえないか」と言う。
3) 「上司からこの資料にはミスがあると聞いたが，これからは十分に注意してもらいたい」と言う。
4) 上司のことには触れずに，「この資料にはミスがあるようなので，もう一度確認した方がよい」と言う。
5) 「上司がこの資料にミスがあると言っていたので，すぐに上司のところに行ってわびた方がよい」と言う。

18 秘書Aの上司（本部長）のところに，「急いで了解を得たいことができた」と支社長が訪れた。帰り際Aは支社長から，「話は平行線に終わった。本部長はうわさ通り頑固だね」と言われた。Aも，本部長が陰で頑固だと言われていることを知っている。このような場合Aは，支社長へどのように対応すればよいか。次の中から適当と思われるものを一つ選びなさい。

1) 陰で頑固だと言われているのだから，「確かにそうだと思う，期待に沿えなくて申し訳ない」と言う。
2) 自分は本部長の秘書なので，「みんなに対してそうだと思うので，あまり気にしない方がよいと思う」と言う。
3) 支社長も冷静さを欠いていると思われるので，「これに懲りずに，日を改めて話してみたらどうか」と言う。
4) 特に返事を求められているわけではないので，「本部長は物事を決定するのに慎重ということではないかと思う」と言う。
5) 急ぎということで支社長も焦っていたのかもしれないので，「前もって本部長に電話などで話しておけばよかったのではないか」と言う。

19 秘書Aの上司（山口部長）の所に取引先の部長が，「転勤することになったのであいさつに来た」と言って訪れた。Aは上司から，「今日は忙しいので電話や来客は取り次がないように」と言われていた。このような場合，取引先の部長へはどのように応対すればよいか。その言葉を答えなさい。 記述

SECRETARY 01　必要とされる資質

17　解答　2)

「解説」
ミスに上司が気付き注意しておくようにと，Aは言われたのだが，ミスの内容をAは知っているわけではない。従ってこのような場合は，作成者の仕事に触れた言い方をせず，確認してもらえないかなどの言い方がよいということである。

POINT!
ミスがある資料の作成者への言い方

18　解答　4)

「解説」
支社長が本部長のことを「頑固だね」と言ったのである。この場合は支社長の愚痴だろうから，同調したり直接否定をしたりしないのがよいことになる。余計なことは言わず，慎重なのではないかというような対応が必要ということである。

POINT!
上司のうわさを聞かれた場合の返事の仕方

19　記述 解答例　山口はただ今取り込んでおりますが，確認して（聞いて）まいりますので，少々お待ちいただけますでしょうか。

「解説」
転勤のあいさつである。さほど時間のかかることでもないので上司が対応した方がよい。しかし，上司の都合で会えるかどうかは分からないので，上司の意向を確かめるという対応がよいことになる。

POINT!
取り次がないようにと言われていたときの来客

minimini KEY WORD

ちょっと押さえておきたい用語
「必要とされる資質」

■機転
機転は、秘書にとって重要な能力の一つです。機転を利かすには、上司の仕事の流れを十分に理解しておくこと、適切な判断能力を身に付けておくことが不可欠となります。

■秘書の判断能力
自分で判断できないことや指示内容が分からない場合に、それを誰に相談したり聞いたりすれば解決できるか、という知識を持っていることも大切なことです。

■パイプ役としての秘書
秘書は伝達者として、上司と他の人とのコミュニケーションを成り立たせるパイプの役割を正確に果たせることが望まれます。それも、常によい状態で完璧な配慮が必要です。

■パイプの役割を果たすためには
①コミュニケーションの意義を理解する、②正確に聞き、正確に要領よく伝達する、③コミュニケーションのサイクルが正常に働くよう配慮する、などが大切です。

■職場の雰囲気づくり
秘書の役割の中には、職場の雰囲気づくりも含まれます。上司をはじめとした人たちが快い雰囲気の中で働けるよう人間関係の潤滑油的役割を担う心がけも求められます。

■食事の誘いや贈り物は、必ず報告
得意先からのプライベートな時間の食事の誘いや自宅への贈り物などを私的なものと勘違いしてはいけません。必ず上司に報告することが大切です。

■機密の保持
どの企業にも企業機密があり、上司だけの機密、部署内だけの機密などもあります。こうした機密を外部に漏らさないことは秘書ばかりでなく、社員全体に共通する職業倫理です。

■秘書の資質
秘書として必要な知識や技能を習得することができる能力と、秘書としてふさわしい良識や、それらを身に付けようとする向上心・適性を持っていることが望まれます。

■機知に富んだユーモア
際どい交渉、権利獲得のための攻防など、企業活動は微妙な心理状態の中で展開されます。こうした局面を救うのがユーモアやウィット。場が和むようなムードづくりも秘書の仕事です。

準1級 02
職務知識
理論編

各問いの『解答』は，印刷の濃さを薄くし，
目に入ることで考える妨げにならないよう配慮してあります。

EXERCISE　秘書の役割と機能

1 総務部長秘書Aのところに営業部長が、「新製品発表会の招待状が取引先K社に送られていないので、すぐに送ってもらいたい」と言って来た。招待状のチェックは上司が行ったが、上司は外出中である。このような場合、Aは営業部長にどのように対応するのがよいか。次の中から適当と思われるものを一つ選びなさい。

1) 招待状リストにK社が載っているかを調べて、載っていなければ載せて送っておく、と言う。
2) 取引先であるK社に送られていないのだから、すぐに送って、上司にこのことを報告しておく、と言う。
3) 招待状のリストは上司がチェックしたが、それでも漏れたのであろうから、追加ですぐに送っておく、と言う。
4) 上司が帰社したら、K社に招待状を送ってもらいたいと話があったことを伝えて、了承を得て送っておく、と言う。
5) 送ってもらいたいということであっても、上司がチェックして送ったのだから、自分がすぐに送ることはできないと言う。

2 秘書という仕事は孤立しやすく、また孤独になりがちだと言われている。なぜ秘書はそのようになりやすいのか。①職務上から考えられる理由と②環境上から考えられる理由書きなさい。

記述

①職務上から考えられる理由
②環境上から考えられる理由

3 秘書Aは出張から戻った上司から、「訪問したR社の部長秘書から君へと言付かった」と土産を手渡された。このような場合Aは、どのように対応したらよいか。次の中から適当と思われるものを一つ選びなさい。

1) 部長宛てに出す上司の礼状に、Aが部長秘書宛てに書いた礼状を同封する。
2) 部長宛てに出す上司の礼状とは別に、部長秘書宛てにAが土産の礼状を出す。
3) 部長秘書に電話で礼を述べ、頂いた物と同額くらいの返礼の品を送る手配をする。
4) 部長宛てに出す上司の礼状に追伸として、部長秘書にもよろしく伝えてもらいたいというAの言葉を書く。
5) 部長秘書にすぐに電話で土産の礼を述べ、その後上司に電話を代わってもらって上司からも礼を述べてもらう。

SECRETARY 02　職務知識

LECTURE　　　　　秘書の役割と機能

1　解 答　4)

「解説」
営業部長が送ってもらいたいと言って来ても，総務部長のチェックによって送っているのである。招待状だから，送るかどうかの判断に違いがあったのかもしれない。が,ここは営業部長からの要請なのだから，K社に送ることを前提にした対応になるということである。

POINT!
招待状が取引先に送られていない

2　記述　解答例

①職務上から考えられる理由
「秘書は職務上，企業機密に接することが多く，守秘義務を持っている。そこで,職場の同僚・友人との交際にも，節度とけじめが要求されるので，親しい友人ができにくい」

②環境上から考えられる理由
「秘書は常に企業の上層部に接していることから，自分まで特別であるような錯覚に陥りやすい。そうなると，同僚や友人とも疎遠になったり，敬遠されたりということも起きてくる」

POINT!
秘書が仕事柄孤立しやすい理由

3　解 答　2)

「解説」
この場合，上司もAも礼状で礼を述べるのがきちんとした礼の仕方になる。ただし上司の礼状は，Aが書くとしても上司が出した形を取ることになる。Aが書くのは秘書に対する土産への礼である。同じところに出すが相手も内容も違う。別がよいということである。

POINT!
上司が預かった秘書への土産のお礼の仕方

❹ 秘書Aの上司（部長）が海外支店へ出張中，専務から「急ぎの用件で部長と直接話がしたいが，携帯電話が通じない」と連絡があった。現地は今，夜の10時過ぎである。このような場合Aは，専務にどのように対応すればよいか。次の中から不適当と思われるものを一つ選びなさい。

1) 現地は今，夜の10時過ぎだが，すぐに連絡を入れた方がよいかと尋ねる。
2) 現地は夜の10時過ぎであると言って，部長の宿泊ホテルの電話番号を教える。
3) 部長が部屋に戻っていることを確かめてから専務に電話をつなぐが，それでよいかと尋ねる。
4) 現地は今，夜の10時過ぎなので，支店にファクスで用件を伝える方がよいのではないかと言う。
5) よければ自分が部長に連絡を取り，専務へ電話をしてくれるように伝えるが，それでよいかと尋ねる。

❺ 秘書Aは上司から，最近秘書の職場での服装が少しラフになり過ぎて（くだけ過ぎて）いないかと注意された。このことを同僚に話したところ，制服があるわけではないので個人の自由を尊重してもらいたいという意見が多かった。このようなことに対してどう考えたらよいか。次の中から適当と思われるものを一つ選びなさい。

1) 秘書全員でこのことについて意見交換会を開き，意見をまとめて上司に提出するのはどうか。
2) 服装や化粧については自由であることが原則なので，名指しで注意されるまではそのままでよいのではないか。
3) ラフな服装は，今の時代の一般的な傾向なので，そのことを知ってもらうように努力するのがよいのではないか。
4) 自由であることは原則として，組織の一員ということも考え，全体の調和を考えるようにすればよいのではないか。
5) 秘書は上司のために仕事をするのだから，上司がラフになり過ぎ（くだけ過ぎ）といえば，それに従うのがよいのではないか。

EXERCISE　　　　　定型業務

❻ 秘書Aは上司（部長）の代理で，病気で入院した課員に見舞いの花を届けた。この場合，見舞いから戻ってAが上司に報告することを，「贈った花の種類と金額」以外に箇条書きで三つ答えなさい。　記述

SECRETARY 02　職務知識

4　解答　4)

「解説」
専務は急ぎの用件で直接話がしたいと言っているのである。従って，どのようにしてか話ができるようにするのがAの仕事ということになる。ファクスを支店に送るのでは直接話がしたいという専務の連絡に対応していないので不適当ということである。

POINT! 海外出張中の上司へ急ぎ連絡したいとの要請

5　解答　4)

「解説」
組織の一員ということは，自分だけのことを考えていてはいけないということである。組織のことを先に考え，そして自分はどうするかということになる。

POINT! 上司から秘書の服装について注意があった

LECTURE　　定型業務

6　記述解答例

1. 課員の病状
2. 出社の見込み
3. 課員からの伝言
4. 見舞ったときの状況

POINT! 上司の代理の見舞いから帰って報告すること

7 秘書Aの上司はせっかちである。次はAの，そのせっかちな上司への気配りである。中から不適当と思われるものを一つ選びなさい。

1) 上司は資料探しを指示しても自分で探し始めるので，資料は上司が見やすいようにしている。
2) 指示された仕事が期限内にできるようであっても，進み具合を途中で報告するようにしている。
3) 上司の私的な用事を頼まれ，すぐにできることは，他の仕事は後回しにしても処理をしている。
4) スケジュールを作成するときは，予定と予定の間の余裕時間はなるべく少なくするようにしている。
5) 上司が部下の仕事の仕方が遅いと不満を漏らしたときは，そのことを部下に教えてあげるようにしている。

8 秘書Aの上司（営業本部長）の外出中に営業部長から「取引先S社から接待の申し入れがあったが，来週の金曜日の夜，本部長の都合はどうか」と尋ねられた。Aは上司が，金曜日の夕方から家族旅行に行く予定であることを聞いている。このような場合Aは，営業部長にどのような対応をすればよいか。次の中から不適当と思われるものを一つ選びなさい。

1) 接待には，S社からは誰が出席するのかを尋ね，「上司に伝えておく」と言う。
2) 「上司にはその日用事が入っていると聞いているが，取引先の接待なので戻り次第確認する」と言う。
3) 「上司はその日用事があるようで，なんとも言えないが，返事は戻るまで保留にさせてもらいたい」と言う。
4) 取引先の接待ではあるが「上司にはすでに予定が入っているので，他の日で調整してもらいたい」と言う。
5) 上司にはすでに予定があるかもしれないので，戻ったら確認するが，他の日に変更できる可能性はあるか」と言う。

9 秘書Aは上司（部長）から，取引先接待で会食をすることになったので，課長と一緒に準備をするようにと指示された。課長との役割分担は，会食の準備は課長が行い，Aは会食後のことについて担当することになった。このときAは上司にどのようなことを確認すればよいか。箇条書きで三つ答えなさい。

記述

SECRETARY 02　職務知識

7　解 答　5)

「解説」
上司が，部下の仕事が遅いと不満を漏らしたりするのは，上司がせっかちだからである。このような場合はAが，部下の仕事を正当に上司に伝えるのがよいことになる。上司が不満を漏らしたからといって，それを部下に教えるというのは，気配りでなく見当違いということである。

POINT!
せっかちな上司への気配り

8　解 答　4)

「解説」
上司は営業本部長である。取引先の招待であることと，上司の予定は個人的なものであるから，予定を変更して接待を受けるかもしれない。上司の意向を確かめずに，他の日で調整してもらいたいと言うのは不適当ということである。

POINT!
上司の予定のある日に接待の申し入れがあった

9　記述　解答例
1. 二次会はどうするか。行うならどのような準備が必要か。
2. 帰りのタクシーの手配は必要か。
3. 土産の準備は必要か。

「解説」
設問は，Aは会食後のことについて上司に確認することになった，となっている。従って，取引先接待などの場合に，会食後に行われる一般的なことについて答えられればよいことになる。

POINT!
取引先接待の準備で上司に確認すること

10 秘書Aの上司は交際範囲が広く，Aは補佐業務に漏れがないようにするために気遣いが大変である。次はAが行っているその補佐業務である。中から不適当と思われるものを一つ選びなさい。

1) 就任のあいさつ状，異動のあいさつ状では役職の変更に注意し，名簿の訂正に漏れがないようにしている。
2) 紹介状を持ってきた客には，用件を尋ねて紹介状の中身を確認してから上司に連絡を取るようにしている。
3) 受賞や死亡の新聞記事に注意をしていて，上司に関係すると思われるときは，そのことをすぐに上司に伝えている。
4) 出張先でお世話になった人や，中元，歳暮をもらった人へのお礼（礼状）はすぐに行い，時機を逸しないようにしている。
5) 上司に対する部下の要望や不満にも耳を傾け，秘書の職務の範囲で解決できることは，上司を煩わせずに解決するよう努力している。

11 秘書Aの上司が取締役に選任され，三日間かけて取引先にあいさつ回りをすることになった。次はAがその準備をするように指示されて行ったことである。中から不適当と思われるものを一つ選びなさい。

1) あいさつ回りに必要な新しい名刺を急いで準備し，上司に渡した。
2) 関係部署に，あいさつ回りをする必要がある取引先を確認し，一覧表を作成した。
3) あいさつ回りをする取引先の一覧表を運転手に見せて，毎日の回る順序を決めてもらった。
4) あいさつ回りをする取引先に関する情報を，営業担当者などから集め，簡潔にまとめて上司に渡した。
5) 関係部署に「上司はあいさつ回りで忙しいので，しばらくの間他の仕事は行えない」と連絡しておいた。

EXERCISE　　非定型業務

12 秘書Aは，出張する上司に空港で資料を渡すことになっており，そのため空港に出向いた。上司は自宅から直接来ることになっていたが，搭乗手続きの締め切り時刻間際になっても，まだ待ち合わせ場所に来ない。上司の携帯電話に電話をしたがつながらない。このような場合，Aはどこへ何を確認すればよいか。相手先と確認することを，箇条書きで三つ答えなさい。　記述

SECRETARY 02　職務知識

10　解答　2)

「解説」
紹介状には，紹介状を持ってきた人の個人的なことが書かれている。紹介者との関係，人柄，信頼性，紹介する理由などである。従って第三者（この場合A）が中身を確認するようなものではないから，確認して上司に連絡するのは不適当ということである。

POINT! 漏れがない補佐業務のための気遣い

11　解答　5)

「解説」
あいさつ回り中に，他の仕事を行うかどうかは，その至急度や重要度から上司が決めることである。従って，しばらくの間はあいさつ回り以外の仕事はしないと決めて，関係部署に連絡するというのは，不適当ということである。

POINT! 取締役になった上司のあいさつ回りの準備

LECTURE　　非定型業務

12　記述　解答例
1. 搭乗手続きカウンター（の係員）へ，上司が搭乗手続きをしているか。
2. 上司の自宅へ，何時に家を出たか。出た後で上司から何か連絡があったか。
3. 会社へ，上司から何か連絡があったか。

POINT! 上司が待ち合わせ場所に来ないときの対応

35

13 秘書Aは常務室から戻った上司（部長）に，急なことだがこれから常務と外出すると言われた。現在午前9時30分。外出に際してAが準備するものはないという。上司はAに「外出先は課長にだけは伝えてある。重要な用件なので連絡は入れないように。明日は出社するが，後の処理を頼む」と言い置いて出かけた。次は，この後予定されていたことに対してAが行ったことである。中から不適当と思われるものを一つ選びなさい。

1) 参列予定だった取引先の通夜については，代理の参列はどのようにすればよいかを課長に相談した。
2) 決裁のため預かっていた稟議書は，提出者には特に何も言わないで，そのままキャビネットにしまった。
3) 訪問する予定だった人に対しては，電話で，急用のため会えなくなったとわび，都合のよい日を聞いておいた。
4) 社内の定例会議については，主催者に急用で出席できなくなったと連絡し，代理出席者を指名してもらいたいと言った。
5) なるべく早い時期に打ち合わせをしたいと言っていた他部署の部長に対しては，時間が取れるのは明日以降になると連絡した。

14 秘書Aの上司（山本営業部長）は「すぐ戻るつもり」と言って外出した。そこへ取引先のS部長が転勤のあいさつに訪れた。同時にAも顔見知りの友人が，近くまで来たのでちょっと寄ってみたと訪れた。このような場合，Aはどのように対処するのがよいか。次の中から適当と思われるものを一つ選びなさい。

1) S部長と友人にそれぞれ「山本はすぐに戻ると言って外出しているが，どうするか」と意向を尋ねる。
2) S部長には営業課長に応対を頼み，友人には「部長はすぐに戻ると言っていたが待てるか」と尋ねる。
3) S部長には「山本が戻り次第連絡をするように伝える」といって引き取ってもらい，友人は部長が戻るまで自分が相手をする。
4) S部長と友人のそれぞれに「自分が代わりに用件を聞いて山本が戻ったら伝えておく」と言って尋ねて，二人とも引き取ってもらう。
5) S部長には「山本はすぐに戻るといっていたので待ってもらいたい」と言って応接室に案内し，友人には「先客があるが待てるか」と尋ねる。

13 解答 4)

「解説」
定例会議には部長は欠席と連絡することになるが，課長以外には行き先は内密なのだから，事情は言わず急用でと言うことになる。代理出席にするのか（するなら誰か）欠席にするのかは，会議の種類にもよるが，いずれにしても相談するなら課長にということになろう。主催者にこのようなことを言うのは不適当ということである。

POINT! 上司が急に外出するときの後処理

14 解答 2)

「解説」
S部長は転勤のあいさつなのだから，上司（部長）が不在なら課長が対応できる。友人はちょっと寄ってみたというのだから，上司が不在かもしれないことは承知していることになる。となると，事情を伝えて，待てるかを尋ねるのが適当ということになる。

POINT! 上司外出中に来客が重なったときの対処

15 秘書Aは出張中の上司（部長）から連絡を受けた。今夜戻る予定だったが，都合で明日の午後に戻ることにした。夕方には会社に顔を出す予定だという。帰りの飛行機の変更と宿泊（連泊）の手配はすでに済ませたということである。上司には明日の午前中に，取引先との面談が1件入っている。このような場合Aが上司に確認しなくてはならないことを，箇条書きで三つ答えなさい。

`記述`

16 秘書A子の上司（部長）は，「友人と食事をするので，戻るのが少し遅くなるかもしれない」と言って出かけた。午後1時，上司と面会の約束があるという取引先のS氏が来訪した。Aは上司から何も知らされていない。午後1時半からは部内連絡会が予定されている。このような場合，Aはどのような対処をすればよいか。次の問いに答えなさい。

`記述`

1) S氏への対応

2) 部内連絡会の担当者への対応

3) その理由

17 営業部長秘書Aは，取引先R社から「取引に関することで，部長と直接話をしたい」という電話を受けた。口調からかなり怒っている様である。上司は会議のため営業所に出向いており今日は戻らないが，R社の担当者は在席している。このような場合，Aは上司の不在をわびてから，どのように対応したらよいか。次の中から不適当と思われるものを一つ選びなさい。

1) 上司は外出中で今日は戻ってこない，取引のことなら担当者が代わりに伺うが，それでよいかと尋ねる。
2) 上司は外出中なので，急ぎということなら上司に出先から連絡してもらうようにするがどうかと尋ねる。
3) 上司は外出中だが，担当者は在席している，すぐに担当者に代わるのでこのまま待ってもらいたいと言う。
4) 上司から連絡させてもらうようにするが，それについて，どのようなことかを教えてもらえないかと尋ねる。
5) 上司は外出中で今日は戻ってこない，すぐ連絡を取ってみるが，上司からの連絡が明日になってもよいかと尋ねる。

SECRETARY 02　職務知識

15 記述 解答例
1. 変更後の飛行機の便名（または出発時刻）。
2. 取引先との面談はどのように変更しようか。
3. 明日までにAがしておかなくてはいけないことはあるか。
4. 社内の関係者に伝えることはあるか。
5. 迎えの車はどのようにすればよいか。

POINT! 出張が一日延びると言う上司に確認すること

16 記述 解答例
1) S氏には上司が約束の時間に在席していないことをわびて少し待ってもらう。
2) 担当者には，事情を話して上司が少し遅れるかもしれないことを承知してもらう。
3) ①Aが上司から聞いていなくても，上司はS氏と約束をしているかもしれないので在席していないことを謝る。
②上司は戻るのが少し遅くなるかもしれないと言って外出している。S氏との約束を承知しているかどうか分からない。そこでS氏には少し待ってもらうより仕方がない。
③次の予定が遅れるかもしれないが，部内連絡会は内部のことだから担当者に承知してもらうより仕方がない。

POINT! 上司が昼食で外出中に約束の取引先が来訪した

17 解答　3)

「解説」
上司は不在なのだから代わりの者の対応か，上司を待ってもらうかになる。怒るという感情を表に出して部長と直接と言っているのだから，よほど何かあったのであろう。相手に了解を得ず，すぐに担当者に代わるので待ってもらいたいというような対応は不適当ということである。

POINT! 上司の留守に取引先から怒り口調の電話

39

minimini KEY WORD

ちょっと押さえておきたい用語
「職務知識」

■ラインとスタッフの機能
ラインの機能は，直接的な職務そのものを実行することで，スタッフの機能は，ラインへの援助・助言をすること。つまり，上司がラインで，それを補佐する秘書がスタッフです。

■スタッフとしての立場を踏み出さない
秘書の機能は，あくまでも上司の仕事の範囲内での補佐・支援ということであり，上司の本務についての代行権を持たないスタッフという立場を越えてはいけません。

■上司の私的な用事
会社の仕事と直接関係なく，明らかに上司の私的な用事であることがはっきりしていても，上司の依頼であるならば秘書業務の範囲と考えるべきです。

■定型業務のフォーマット化
定型業務のフォーマット化は，後任の秘書への引き継ぎをスムーズにする意味もあり，煩雑な秘書業務を合理化するためには重要なことです。

■上司不在中の訃報
突然の訃報によって，上司の日程を調整しなければならないケースでも，秘書が判断して実行できることには限界があります。特に日程の変更は，上司の了解が前提となります。

■情報の管理
社内外の情報は的確に取捨選択し，上司や関係先に伝えます。特に死亡記事，冠婚葬祭，関係先の人の叙位叙勲，昇格・退任などの情報には注意を向けておく必要があります。

■取材申し込みへの対応
取材を申し込んだ媒体，取材の希望日時，取材趣旨などを確認して，上司に伝え判断を仰ぎます。取材を受ける場合は，事前に資料などを整理しておくことも必要になります。

■上司の健康についての気遣いはさりげなく
「最近，体調が優れないようですが，スケジュールの調整が必要でしたらおっしゃってください」のような，心配している気持ちを伝える程度のさりげなさが大切です。

準1級 03

一般知識

理論編

SECRETARY

各問いの『解答』は，印刷の濃さを薄くし，目に入ることで考える妨げにならないよう配慮してあります。

EXERCISE 社会常識と企業経営

1 次は用語とその意味（訳語）の組み合わせである。中から<u>不適当</u>と思われるものを一つ選びなさい。

1) アビリティー　＝　能力
2) インターバル　＝　間隔
3) イニシアチブ　＝　示唆
4) アセスメント　＝　評価
5) コンセンサス　＝　合意

2 次のそれぞれの説明は，何のことを言っているか。漢字で答えなさい（説明の最後にある□は文字数です）。 記述

1) 株式会社が資本金を増やすこと（□□）
2) 利益の発生と損失の発生の分かれ目となる売上高のこと（□□□□□）
3) 個人所得から，税や保険料などを引いた後の，自由に使える所得のこと（□□□□□）

3 次は同じような意味や内容を持つ用語の組み合わせである。中から<u>不適当</u>と思われるものを一つ選びなさい。

1) 社是　　　　——　社訓
2) 解雇　　　　——　免職
3) 重役　　　　——　役員
4) 定款　　　　——　登記
5) 就業規則　　——　服務規程

4 次はそれぞれ関係ある用語の組み合わせである。中から<u>不適当</u>と思われるものを一つ選びなさい。

1) 年末調整　——　給与
2) 源泉徴収　——　定款
3) 累進課税　——　所得税
4) 可処分所得　——　小遣い
5) 基礎控除　——　確定申告

LECTURE　　社会常識と企業経営

1　解　答　3）

「解説」
「イニシアチブ」とは，主導権のことである。

POINT! 用語と訳語の組み合わせ

2　記述 解答例
1) 増資
2) 損益分岐点
3) 可処分所得

POINT! 説明している用語

3　解　答　4）

「解説」
「定款」とは，会社などの組織や業務に関する基本的な規則のこと。「登記」とは，法に定められた一定の事柄を帳簿や台帳に記載すること。従って同じような意味・内容ではない。

POINT! 用語の意味の組み合わせ

4　解　答　2）

「解説」
「源泉徴収」とは，給与などを支払うとき，その金額から所得税を天引きして税務署に納税すること。「定款」とは，会社などの組織や業務についての根本的な規則のことなので，関係はない。

POINT! 関係ある用語の組み合わせ

5 次は人に関するカタカナ用語とその訳語の組み合わせである。中から<u>不適当</u>と思われるものを一つ選びなさい。

1) カスタマー　　＝　顧客
2) スポンサー　　＝　調整役
3) プロモーター　＝　主催者
4) エージェント　＝　代理人
5) アテンダント　＝　随行者

6 次は略語とその意味の組み合わせである。中から<u>不適当</u>と思われるものを一つ選びなさい。

1) WHO　＝　世界保健機関
2) IMF　＝　国際通貨基金
3) IAEA　＝　国際原子力機関
4) OECD　＝　石油輸出国機構
5) IOC　＝　国際オリンピック委員会

7 次は秘書Aが新聞などで目にした，政府の中央官庁の略称である。それぞれの省略されていない名称を答えなさい。　記述

1) 厚労省
2) 経産省
3) 農水省
4) 国交省

8 次は用語とその意味の組み合わせである。中から<u>不適当</u>と思われるものを一つ選びなさい。

1) ファンド　　　　＝　資金
2) コンテンツ　　　＝　内容
3) ファイナンス　　＝　安全保障
4) ソリューション　＝　問題解決
5) アウトソーシング＝　社外調達

44

SECRETARY 03　一般知識

5　解答　2)

「解説」
「スポンサー」とは，広告主，テレビなどの番組提供者，資金提供者のことである。

POINT!
カタカナ用語と訳語の組み合わせ

6　解答　4)

「解説」
「OECD」とは経済協力開発機構のことである。

POINT!
略語と意味の組み合わせ

7　記述解答例
1) 厚生労働省
2) 経済産業省
3) 農林水産省
4) 国土交通省

POINT!
中央官庁の略称と正式名称

8　解答　3)

「解説」
「ファイナンス」とは財務という意味である。安全保障は「セキュリティー」などという。

POINT!
用語と意味の組み合わせ

45

9 次は，それぞれ関係ある用語の組み合わせである。中から<u>不適当</u>と思われるものを一つ選びなさい。

1) ＧＰＳ　＝　カーナビ
2) ＥＴＣ　＝　ドライブ
3) ＰＯＳ　＝　バーコード
4) ＪＩＳ　＝　キャビネット
5) ＷＴＯ　＝　インフルエンザ

10 次は，用語とその意味の組み合わせである。中から<u>不適当</u>と思われるをものを一つ選びなさい。

1) コネクション　　＝　縁故
2) コンベンション　＝　集会
3) コンポジション　＝　構成
4) コラボレーション　＝　調整
5) コンシェルジュ　＝　案内係

11 次の用語の意味を簡単に答えなさい。
　記述

1) サポーター
2) エグゼクティブ
3) オーソリティー
4) スポークスマン

12 次のそれぞれの説明は，何のことを言っているか。（　　　）内に答えなさい（答えは漢字で書くこと）。　記述

1) 会社などの組織や業務についての基本的な規則。
　　　　　（　　　　　　　　）
2) 株主が集まって，その会社全体の運営について審議し決定する会議。
　　　　　（　　　　　　　　）
3) 不特定多数の出資者から資金を集められ，出資者は出資金だけの責任を負えばよい会社。
　　　　　（　　　　　　　　）

SECRETARY 03　一般知識

9 解答　5)

「解説」
WTOとは，世界貿易機関のことである。インフルエンザに関係があるのはWHO（国連の世界保健機関）である。

POINT! 関係ある用語の組み合わせ

10 解答　4)

「解説」
コラボレーションとは，共同，協力，合作，共同研究などのことである。「調整」はコーディネートである。

POINT! 用語と意味の組み合わせ

11 記述解答例
1) 支援者・支持者・後援者
2) 経営幹部・重役
3) 権威者
4) 政府や団体の意見発表担当者

POINT! 用語の意味の説明

12 記述解答例
1) 定款
2) 株主総会
3) 株式会社

POINT! 説明している用語（漢字）

47

13 次は用語とその意味の組み合わせである。中から不適当と思われるものを一つ選びなさい。

1) マーケットシェア　　＝　市場占有率
2) シルバーマーケット　＝　高齢者市場
3) コンシューマリズム　＝　消費者主義
4) マーチャンダイジング＝　市場拡大化
5) コングロマーチャント＝　複合小売業

14 次は，それぞれ関係ある用語の組み合わせである。中から不適当と思われるものを一つ選びなさい。

1) マザーズ＊　　　　— 株式
2) ワンセグ　　　　　— 放送
3) カンバン方式　　　— 広告
4) ロールプレーイング— 研修
5) ステークホルダー　— 株主

15 次は，用語とその意味の組み合わせである。中から不適当と思われるものを一つ選びなさい。

1) 公益法人 ＝ 慈善や学術など公益を目的とする法人
2) 立会人　 ＝ 後日の証拠にするために，その場に立ち会う人
3) 公証人　 ＝ 民事に関する事実を公に証明できる権限を持つ人
4) 弁護人　 ＝ 被疑者・被告人の利益保護を職務とするその補助人
5) 保証人　 ＝ 債権者が債務を履行できないときに，代わって履行する義務を負う人

16 次のそれぞれは何を説明したものか。カタカナで書きなさい。
記述

＜例＞　作業票，練習問題用紙　（ワークシート）
1) 一つの仕事を多数で分け合う考え方や政策のこと
2) 職場，作業場，意見や技術の交換・紹介を行う研究会のこと
3) 相手国での労働が認められている青少年向けの海外観光旅行制度のこと
4) 仕事中毒のこと

SECRETARY 03　一般知識

13　解　答　4)

「解説」
「マーチャンダイジング」とは，消費者の欲求を満足させるよう，適正な時期・場所に，適正な質・量・価格などを考えて仕入れる「商品の品そろえ計画」のことである。

POINT! 用語と意味の組み合わせ

14　解　答　3)

「解説」
カンバン方式とは生産管理の手法で「必要なときに」「必要な場所に」「必要なものを」提供する……という考えに基づいてトヨタ自動車が開発した方式。2)「ワンセグ」は国内における地上デジタル放送による,携帯機器向け放送サービスの名称。5)「ステークホルダー」とは企業の利害関係者のこと。
＊東京証券取引所の市場再編により，現在「マザーズ」という名称はありません。

POINT! 関係ある用語の組み合わせ

15　解　答　5)

「解説」
保証人とは，債務者が債務を履行できないときに代わって履行する義務を負う人。

POINT! 用語と意味の組み合わせ

16　記述　解答例
1)（ワークシェアリング）
2)（ワークショップ）
3)（ワーキングホリデイ）
4)（ワーカホリック）

POINT! 説明した意味のカタカナ語

ちょっと押さえておきたい用語
「一般知識」

＊以下についての用語や知識をチェックしておきましょう。

■企業形態と仕組みについての用語

■企業の組織についての用語

■企業の経営機能と経営管理についての用語

■マーケティングと広告

■ニューメディア・パソコン関連の用語

■法律についての用語

■政治・経済・国際

■金融・税務

■略語・カタカナ語

■その他の一般知識・社会常識

SECRETARY

準1級 04
マナー・接遇

実技編

各問いの『解答・解答例』は，印刷の濃さを薄くし，
目に入ることで考える妨げにならないよう配慮してあります。

EXERCISE 敬語

1 次は秘書Aが，上司（企画部長）から伝言を頼まれ，相手に伝えたときの言葉である。中から<u>不適当</u>と思われるものを一つ選びなさい。

1) 専務に対して
「部長から，専務にご覧いただきたいと資料を預かってまいりました。こちらでございます」
2) 課長に対して
「明後日の会議の開始時間を，2時から3時に変更したいので調整を頼む，とのことでございます」
3) 約束の時間に上司を訪ねてきた上司の家族に対して
「部長さんは間もなくお戻りになるとご連絡がございましたので，どうぞこちらにおかけになってお待ちくださいませ」
4) 常務に対して
「明日の出張でございますが，部長は出先から駅に向かうので，いつもの改札口でお待ちしておりますとのことでございます」
5) 営業部長に対して
「来週火曜日にT社を接待するのですが，営業部長にもおいでいただきたいとのことでございますので，ご予定くださいませ」

2 次の言葉を来客に対して言う，適切な言葉に直しなさい。　記述

「①本当にすまないが，②山田部長は仕事が忙しくて今週は会えない。③来週ではどうか」

3 次は中村部長秘書Aの，来客に対する言葉遣いである。中から適当と思われるものを一つ選びなさい。

1)「こちらの封筒をお渡しするようにと，中村から賜っております」
2)「かしこまりました。ご伝言は私が，間違いなく中村に申し伝えます」
3)「中村が，ご依頼の件は確かに承りましたとおっしゃっておりました」
4)「そちらの件につきましては，後ほど中村から直接ご連絡していただきます」
5)「お差し支えなければ，課長のKが代わりにお会いになりますが，いかがでしょうか」

SECRETARY 04　マナー・接遇

LECTURE　　　　　　　　　　敬語

1　解　答　5)

「解説」
上司（部長）の伝言を他部署の部長に伝えるのである。5) のような言い方では，指示や命令をしているように聞こえてしまう。Aは秘書なのだから，接待があることと，接待に同席してもらいたいという上司（部長）の意向を伝えて「お願いできますでしょうか」「ご都合はいかがでしょうか」などのように言うのがよいということである。

POINT!
上司からの伝言の伝え方

2　記述／解答例
①誠に申し訳ございませんが，
②山田は仕事が立て込んでおりまして今週はお会いいたしかねます。
③来週はいかがでしょうか

POINT!
来客に対して言う言葉遣い

3　解　答　2)

「解説」
2) 以外の不適当な部分を適当に直すと，1) 賜って→申し付かって，3) おっしゃって→申して，4) ご連絡していただきます→ご連絡いたします（を差し上げます），5) お会いになりますが→お会いいたしますが，などになる。

POINT!
来客への言葉遣い

4 次は秘書Aの言葉遣いである。下線部分の①〜④はどのように言えばよいか答えなさい。　記述

1) 来客に
「<u>言いにくいが</u>，<u>そういうことは</u>　<u>できない</u>。<u>帰ってもらえないか</u>」
　　①　　　　　　　②　　　　　　　③　　　　　④

2) 取引先に電話で
「<u>うちの山本部長が</u>，<u>あさって</u>，<u>そちらに出向きたいと言っているが</u>，
　　①　　　　　　　②　　　　　③

<u>都合はどうか</u>」
　④

EXERCISE　上司に対する言葉遣い

5 秘書Aの上司（常務）が外出中，K部長が，常務が見たいと言っていた資料を持ってきた。外出中と言うと，「あとで来て詳しく説明する」と資料を置いていった。このことをAは，上司が戻ったらどのように報告すればよいか。その言葉を答えなさい。　記述

6 次は秘書Aが，上司（部長）に言ったことである。中から適当と思われるものを一つ選びなさい。

1) その人ならよく知っていると言うとき
「その方でしたら，よくご存じでございます」
2) こっちの資料を見てもらえないかと言うとき
「こちらの資料をご拝見願えませんでしょうか」
3) 今の私の報告で分からない点はないかと言うとき
「ただ今の私のご報告でご不明な点はおありでしょうか」
4) 手伝えることがあれば指示してもらいたいと言うとき
「お手伝いできることがありましたら，ご指示してくださいませ」
5) その書類は，今専務が読んでいると言うとき
「そちらの書類は，ただ今専務がお読みなさっていらっしゃいます」

SECRETARY 04　マナー・接遇

4 記述／解答例
1) 来客に
   ①申し上げにくいのですが
   ②そのようなことは
   ③いたしかねます
   ④お引き取り願えませんでしょうか
2) 取引先に電話で
   ①私どもの山本が
   ②明後日
   ③そちら様（御社）に伺いたいと申しておりますが，
   ④ご都合はいかがでしょうか

POINT! 秘書としての言葉遣い

LECTURE　上司に対する言葉遣い

5 記述／解答例
お留守中にK部長が，常務がご覧になりたいとおっしゃっていた資料をお持ちになりました。後ほど来られて，詳しく説明してくださるとのことでございます。

POINT! 上司の外出中に資料が届いたことの報告

6 解答　3）

「解説」
1)「ご存じでございます」は「存じ上げております」，2)「ご拝見」は「お目通し」，4)「〜ご指示して〜」は「ご指示〜」，5)「〜お読みなさって」は「〜お読みになって」，などがそれぞれ適切な言い方になる。

POINT! 上司に対する言葉遣い

7 秘書Aは上司から，「急だがこれをパソコンで清書してもらいたい。3時からの打ち合わせで使うから」とメモを渡された。今からすぐに取りかかれば何とか間に合いそうである。そこでAが清書していると，しばらくして上司から「間に合うか」と声をかけられた。このような場合，Aはどう答えればよいか。次の中から<u>不適当</u>と思われるものを一つ選びなさい。

1) 「3時ぎりぎりになりそうですが，何とか出来上がると思います」
2) 「ただ今行っておりますが，この分でしたら大丈夫だと思います」
3) 「ただ今行っておりますので，ご心配なさらずにお待ちくださいませ」
4) 「何とか間に合いそうです。出来上がりましたらすぐにお持ちいたします」
5) 「もう少々お待ちいただけますでしょうか。3時までには仕上がるように行っております」

EXERCISE　話し方と人間関係

8 秘書AはBから，上司のことでいろいろと相談に乗ってもらいたいのでゆっくり話ができないか，というメールを受けた。Bの上司は，先日までAの上司だった人である。このような場合にBに言うこととして適当と思われるものを，次の中から一つ選びなさい。

1) 自分が相談に乗るのは構わないが，上司はこのことを知っているのか。
2) 上司のどのようなことについての相談か分からないが，何か準備の必要があることか。
3) このようなことは，仕事が終わった後に，食事をしながらの方がしやすいと思うがどうか。
4) このような相談は早い方がよいだろうから，明日，昼食を一緒にしながらということではどうか。
5) 上司のことというのは仕事上のことだろうから，日中，仕事の合間にメールでやりとりするというのではどうか。

9 秘書Aは同僚D（杉田）に，出退社のとき「おはよう」「さようなら」などを言っているが，Dははっきりしたあいさつを返さない。他の同僚や後輩に対してもそのようである。このようなDにあいさつを返してもらうには，Dにどのようなことをしたらよいと思うか。箇条書きで二つ答えなさい。

記述

SECRETARY 04　マナー・接遇

7　解答　3)

「解説」
上司は心配して声をかけている。この場合は，間に合いそうなのだから，そのことを言えばよい。それを言わずに，心配しないで待ってもらいたいと言うのは答え方として不適当ということである。

POINT!
急ぎの仕事に上司から確認があったときの答え方

LECTURE　話し方と人間関係

8　解答　3)

「解説」
上司についての相談ということである。上司の性格が秘書の仕事には大きく影響する。性格によって考え方や行動に違いが出たり，秘書との相性も出るであろう。が単純によい悪いを言えるものではないので話は長引く。食事をしながらなどの機会にするのが適当ということである。

POINT!
同僚から上司について相談があった

9　記述 解答例
1. あいさつは，お互いに気持ちよく仕事をするための基本であることを話し，返すように促す。
2. Dに対して先手であいさつをし，明るくはっきりしたあいさつを意識的にするようにする。
3. あいさつするときは「杉田さん，おはよう（お疲れさま）」などのように名前を入れて親近感が湧くようにする。

POINT!
あいさつがはっきりしない同僚への対応

「解説」
あいさつを返さないDに，あいさつを返してもらうためにどうするかということなので，あいさつの意味を話すとか，Dに意識してもらえるようなあいさつの仕方などが答えになる。

10 秘書Aは他部署のCから相談を受けた。Cの上司は頼まれ事も多いが，引き受けられないことも多い。断るのはCだが，断るときに注意しないといけないことを教えてもらいたいというものである。次はAがCに言ったことである。中から不適当と思われるものを一つ選びなさい。

1) 事前に上司と打ち合わせをして，なるべく代案を示すとよい。
2) 相手に悪い印象を与えないよう，言葉にも態度にも気を付けること。
3) 断ることははっきりと伝え，相手に期待を抱かせないようにすること。
4) 断るのはこちらの事情によるものなのだから，理由は聞かれても言わない方がよい。
5) 引き受けられないと途中で分かっても，相手の言い分は，最後まで聞くようにすること。

EXERCISE　　注意・説得の仕方

11 秘書Aは他部署のDから相談を受けた。後輩Bが最近，仕事を積極的にしようとしない，どのようにしたらよいだろうかというものである。頼んだのがDのときだけでなく他の人のときにも，そうなのだという。次はこのとき，AがDに話したことである。中から不適当と思われるものを一つ選びなさい。

1) 最近の，Bに仕事を頼むときの頼み方にも問題はないか，考えてみたらどうか。
2) 最近仕事をなぜ積極的にしないのか，課長にも同席してもらってBに尋ねてみたらどうか。
3) 他の人のときにもそうだというのなら，その人にも話を聞いて解決方法を相談してみたらどうか。
4) 勤務時間外に，気軽に話せるような場へBを誘い，仕事の仕方全般について改めて話し合ってみたらどうか。
5) Bに，頼んだ仕事を積極的にしなくなった理由を聞き，仕事に個人的感情を持ち込まないように話してみたらどうか。

12 秘書Aは，後輩Bが最近遅刻が多いので一度注意をしようと思っている。原因をつかんでおく，相手を追い詰めないことの他に，Aが守るべきことを箇条書きで三つ書きなさい。

記述

SECRETARY 04　マナー・接遇

10　解答　4)

「解説」
一般的に，頼まれる関係があるから頼み事をされる。それを断るとなれば，頼み事をする人に納得してもらう理由が必要になる。断るのがこちらの事情によるもので相手に関係ないとしても，この場合はする必要があってする理由の説明である。聞かれても言わないのは不適当ということである。

POINT! 上司への頼まれ事の断り方

LECTURE　忠告・説得の仕方

11　解答　2)

「解説」
最近，後輩Bが仕事を積極的にしないというのだから，B自身の問題か，仕事を頼む人とBの間に何か問題があることになろう。従って，これがどのようなことかを探るように話すのがよいことになる。課長に同席してもらって聞いても，問題の解決にはならないということである。

POINT! 後輩の指導について同僚に助言したこと

12　記述解答例
1. 事実をよく調べる。
2. タイミングをつかむ。（時と場所を考える。原則は1対1）
3. 頭ごなしに言わない。（穏やかに話す）

POINT! 注意する際の心がけ

「解説」
先輩秘書として，後輩を指導する場合に注意や忠告を与えることが多い。その基本的ルールは解答例のようになるが，大前提として注意・忠告する事柄の裏付けになる資料がないと効果が上がらない。効果を予測してよいとなれば注意や忠告をするのだが，それにはタイミングをつかむことが必要となる。さらに，注意・忠告をした後はそのことにはこだわらずさっぱりとした態度で本人と接するのがよい。その後は注意されたことを改めているのかどうか，そのフォローも必要である。解答例の他に「他の人との比較注意をしない」などもよい。

13 秘書Aの下に新人Bが配属になった。次はAが考えた指導の仕方である。中から**不適当**と思われるものを一つ選びなさい。

1) ミスが出そうなところは，ミスの具体例を説明して注意した方がよいのではないか。
2) 教えるときは確実にできそうな簡単なものから，少しずつ複雑なものを教えたらよいのではないか。
3) 仕事の仕方は人によって違いがあるが，Aが教えた基本は忘れないようにと言うのがよいのではないか。
4) 上司からの注意はAが代わって聞くようにし，仕事に慣れてくるまで新人には伝えないようにするのがよいのではないか。
5) 秘書の仕事の流れを教えるために，最初の数日間，まずはAの仕事をBも一緒に処理させるようにするとよいのではないか。

EXERCISE　来客応対・話し方

14 次は秘書Aが，予約客S氏への対応で順に行ったことである。中から**不適当**と思われるものを一つ選びなさい。

1) 「お待ち申し上げておりました」とあいさつし，コートは，よければ預かっておくといって受け取った。
2) 応接室へ案内しているとき，他部署の部長と会ったので，黙礼をした。
3) 応接室の前の表示は「空き」となっていたが，ノックをしてから入り内開きのドアの内側で招き入れた。
4) S氏を案内したと上司に伝えたところ，「すぐ行けるが，ちょっと待ってもらって」とのことだったので，S氏には話さないでおいた。
5) お茶を運んだところ，上司とS氏が立ってあいさつをしていたので，その間に手早くお茶を出した。

15 秘書Aは10時に上司（部長）と面談予定の，取引先K社の中村氏から電話を受けた。「今タクシーでそちらに向かっているが，渋滞に巻き込まれ10時半近くになってしまうがよいか」とのことである。Aは上司から，私用で10時半に外出する予定と聞いている。また面談には，K社の担当者も同席することになっている。このような場合Aは，どのように対処したらよいか。順を追って箇条書きで答えなさい。　記述

SECRETARY 04　マナー・接遇

13　解答　4)

「解説」
AはBの指導役ではあるが，上司ではない。Aの上司はBの上司でもあるのだから，仕事に慣れるまで上司の注意を伝えないというのは，新人Bへの配慮というより，指導役としての職務の怠慢である。

POINT! 新人秘書の指導の仕方

LECTURE　　来客応対・話し方

14　解答　5)

「解説」
お茶を出すということは，相手をもてなすということである。相手が他のことをしている最中にもてなしを手早くしたのでは，もてなしたことにならない。お茶を運んだとき，上司とS氏が立ってあいさつをしていたのなら，あいさつが終わるまで下がって待ち，二人が座ってから出すということになる。

POINT! 予約客への対応の手順

15　記述　解答例

1. 中村氏に，上司に確認してすぐに連絡すると言って，連絡先（携帯電話の番号など）を確認する。
2. 上司に中村氏からの電話の内容を伝え，どのようにするかについて指示を受ける。
3. 上司の指示に従い，中村氏に連絡をする。
    ①上司が待っているとのことなら，そのように伝える。
    ②会うのが担当者だけになるなら，そのことを伝えて了承を得る。
    ③上司が会えないので面談日時を変更してもらいたいとのことなら，そのことを伝えてわび，改めて連絡すると伝える。
4. K社担当者に，3. のいずれかを連絡する。

POINT! 面談予定時間に取引先が遅れる場合の対処

16 次の「　」内を山本部長秘書Aが来客に対して言う，適切な言葉に直して書きなさい。
　　記述

1)「本当にすまないが，　今週は　部長は仕事が忙しくて　会えない。
　　　①　　　　　　　　　　　　　②　　　　　　　　　③

　来週では どうか」
　　　　　　④

2) 不意の来客に「会えるかどうか分からないが，　今取り次いでくるので，
　　　　　　　　　　　⑤　　　　　　　　　　　⑥

　すまないが，　そこで座って　待ってもらえないか」
　　⑦　　　　　　⑧　　　　　　⑨

17 秘書Aの上司（部長）の部屋は下図のようになっている。ここに来客二人（部長と課長）があった場合，どの位置に座ってもらうのがよいか。また上司は，どの位置に座るのがよいか。次の中から適当と思われるものを一つ選びなさい。

1) 来客BF　　上司D
2) 来客DC　　上司F
3) 来客EA　　上司C
4) 来客DF　　上司E
5) 来客FE　　上司D

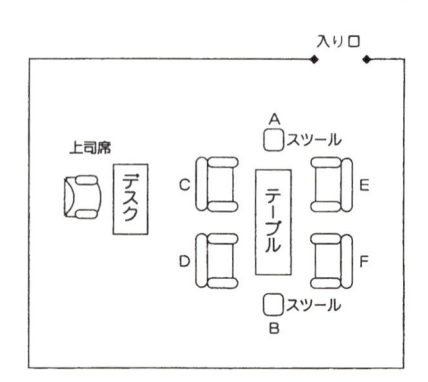

18 次のそれぞれを，来客に対する丁寧な言葉に直して答えなさい。
　　記述

1)「悪いが自分では分からないので，担当者が代わりに話を聞くがよいか」
2)「詳細は後でメールで知らせるので，すいませんが，あなた（岡田氏）のメールアドレスをこっちに書いてくれませんか」

SECRETARY 04　マナー・接遇

16 記述 解答例

1) ① 誠に申し訳ございませんが
   ② 山本は仕事が立て込んでおりまして
   ③ お会いいたしかねます
   ④ いかがでしょうか

2) ⑤ お会いできますかどうか分かりかねますが
   ⑥ ただ今取り次いでまいりますので
   ⑦ 恐れ入りますが
   ⑧ そちらにおかけになって
   ⑨ お待ちいただけますでしょうか

POINT!
秘書が来客に対して言う言葉

17 解答　5)

「解説」
この部屋は上司室だから，来客があったとき上司は，自分の机に近い側（DかC）に座ることになる。この場合来客は二人なので，上位者（部長）にはF，課長にはEに座ってもらう。こちら側は上司のみなので，Fの前（D）に座るのがよいということである。

POINT!
来客二人の応接室内での案内

18 記述 解答例

1)「申し訳ございませんが，私では分かりかねますので，担当の者が代わってお話を伺います（承ります）が，よろしいでしょうか」

2)「詳細は後ほどメールでお知らせいたしますので，恐れ入りますが，岡田様のメールアドレスをこちらにお書き願えませんでしょうか」

POINT!
来客に対する丁寧な言葉遣い

63

EXERCISE　電話の取り次ぎ

19 Y商事秘書課のA（佐藤）は上司（岡田専務）から，取引先R社の斉藤専務に電話をするようにと言われた。斉藤専務への電話は，R社秘書課からつないでもらうことになっている。このような場合Aは，電話に出た相手（R社秘書課）に，次のそれぞれをどのように言えばよいか。その言葉を答えなさい。

記述

① 自分を名乗り，世話になっている礼を言うとき

② 岡田専務からだが，斉藤専務がいたら，つないでもらいたいと言うとき

20 秘書Aは上司から，「取引先のK部長に確認したいことがあるので，電話をつなぐように」と言われた。AがK部長の秘書に電話をしたところ，「今会議中であと1時間ほどかかりそうだが，急ぎなら取り次ぐ」と言われた。このような場合，Aはどのように対処すればよいか。順を追って箇条書きで答えなさい。

記述

EXERCISE　慶弔の知識

21 次は用語の説明である。中から<u>不適当</u>と思われるものを一つ選びなさい。
1)「玉串奉奠（たまぐしほうてん）」とは，玉串を神前に供えること。
2)「主賓（しゅひん）」とは，式典などを執り行う主催者のこと。
3)「叙勲（じょくん）」とは，勲等（勲章の等級）を授け，勲章を与えること。
4)「祝辞」とは，祝いの行事などで述べる，その行事を祝う言葉のこと。
5)「のし紙」とは，紅白の水引やのしが付いたり，それが印刷してある紙のこと。

SECRETARY 04　マナー・接遇

LECTURE　　　電話の取り次ぎ

19 記述 解答例
①Y商事秘書課の佐藤と申します（でございます）。いつもお世話になっております。
②私どもの専務の岡田からでございますが，斉藤専務様（専務の斉藤様）がいらっしゃいましたら，おつなぎいただけませんでしょうか。

POINT!
取引先の秘書経由で電話をつなぐときに言う言葉

20 記述 解答例
1. K部長秘書にそのまま待ってもらえるように頼み，上司に，K部長秘書が言っていたことを伝え，取り次いでもらうかどうか指示を受ける。
2. 上司が「取り次いでもらうように」ということなら，K部長秘書に，急用であることを言って取り次いでもらう。
3. 「会議が終わってからでもよい」ということなら，1時間後にまた電話をすると，K部長秘書に伝える。
4. 3.なら，1時間後に改めてAが電話をする。

POINT!
上司からの指示でかけた電話

LECTURE　　　慶弔の知識

21 解答　2)

「解説」
「主賓」とは，宴会などで，招かれてその場の中心になる人のことである。

POINT!
慶弔用語とその説明

22 次のそれぞれを何と言うか，(　　　)内に答えなさい。
　　記述

1) 神前に，榊を供えること　　　　　　　　(　　　　　　　)
2) 知人が故人と別れをするための儀式　　　(　　　　　　　)
3) キリスト教で拝むとき，花をささげること(　　　　　　　)
4) 葬式で，故人に向かって言う別れの言葉　(　　　　　　　)
5) お悔やみを言うために，遺族を訪ねること(　　　　　　　)

23 秘書Aは後輩Bから「上司の代理で告別式に参列することになった。初めてのことなので教えてもらいたい」と言われた。次の事について，AはBにどのように教えればよいか。簡単に答えなさい。
　　記述

(1) 服装についての注意
(2) 受付で言う言葉
(3) 会葬者芳名録の記入の仕方
(4) 顔見知りの人と会ったときの対応

24 次は用語とその説明である。中から不適当と思われるものを一つ選びなさい。

1) 「吉日(きちじつ)」とは，物事をするのによいとされる日のこと。

2) 「落成(らくせい)」とは，建築工事が終了して建物が出来上がること。

3) 「餞別(せんべつ)」とは，大きな仕事を無事終えた人をねぎらうこと。

4) 「弔辞(ちょうじ)」とは，葬儀参列者の前で述べる悔やみの言葉のこと。

5) 「水引(みずひき)」とは，慶弔用の贈り物に使う，紅白・黒白などの色の付いたひものこと。

マナー・接遇

66

SECRETARY 04　マナー・接遇

22 記述 解答例
1)（玉串奉奠(てん)）
2)（告別式）
3)（献花）
4)（弔辞）
5)（弔問）

POINT!
慶弔で使う言葉

23 記述 解答例
(1) 黒色のワンピースかスーツにして，アクセサリーは一連の真珠か結婚指輪以外は控える。
(2) 「このたびはご愁傷さまでした」
(3) 上司の名前を書き，その下に小さく代と記入する。
(4) 個人的な会話は慎み，目礼程度のお辞儀をするだけでよい。

POINT!
代理で告別式に参列するときの注意

24 解答　3)

「解説」
「餞別」とは，遠くへ旅立つ人や転任・移転する人に別れの印として贈る金品のことである。

POINT!
用語とその説明

25 次は祝儀・不祝儀袋を用意する場合の留意点である。（　　）内に適切な言葉を書きなさい。

記述

1) 慶事のお札は（　　　　　　）を用意する。
2) 結婚祝の場合，水引は紅白や金銀の（　　　　　　）にする。（結び方）
3) 一般の慶事は紅白の（　　　　　　）にする。（結び方）
4) 交通費の名目で支払う謝礼の上書きは（　　　　　　）とする。

26 次は秘書Aが後輩に指導した和洋礼装の一般的な知識である。中から不適当と思われるものを一つ選びなさい。

1) 弔事の女性の和装では，昼夜の区別とか既婚・未婚の違いはない。
2) 慶事の洋礼装では，正式には男女とも着用するものは昼夜で異なる。
3) 弔事の場合，男性の洋装のネクタイは黒白のしま柄が正式とされている。
4) 慶事の場合，男性の和礼装には昼夜の区別とか既婚・未婚の違いはない。
5) 慶事の女性の和礼装は，既婚者は留め袖，未婚者は振り袖が正式とされている。

27 次は，弔事に関する用語である。それぞれ意味を簡単に答えなさい。

記述

1) 享年

2) 弔問

3) 密葬

SECRETARY 04　マナー・接遇

25 記述 解答例
1) 新札
2) 結び切り
3) ちょう結び
4) 御車代

POINT!
祝儀・不祝儀袋の留意点

26 解　答　3)

「解説」
黒白のしま柄のネクタイは慶事のときにするものである。弔事の場合は，黒色またはそれに準ずるものにしないといけないということである。

POINT!
和洋礼装の知識

27 記述 解答例
1) 死亡したときの年齢のこと。
2) 遺族を訪問して悔やみを述べること。
3) 身内の人だけで内々に行う葬式のこと。

POINT!
弔事の用語とその意味

69

EXERCISE 上書きの知識

28 次は秘書Aが，上司に指示されて金品を用意したときに書いた上書きである。中から不適当と思われるものを一つ選びなさい。

1) 病気で入院した上司の上役への見舞いだと言われたとき，「祈御全快」
2) 上司が出張で訪問する取引先に持参する手土産の品と言われたとき，「寸志」
3) 家業を継ぐために退職する上司の部下への気持ちと言われたとき，「御餞別」
4) 独立して事務所を開いた上司の友人への祝いだと言われたとき，「祝御開業」
5) 対外試合を控え合宿中のサッカー部への差し入れだと言われたとき，「祈必勝」

29 次は，秘書Aが最近行ったことである。中から不適当と思われるものを一つ選びなさい。

1) 地域の祭礼で神社に現金を寄付するときに「御奉納」と上書きし，用意した。
2) 出張で訪問する取引先に持参する土産の品に「御粗品」と上書きし，用意した。
3) 会議に出席してもらった社外の人に交通費を渡すのに，「御車代」と上書きした封筒を用意した。
4) 取引先の部長が海外支社長として転勤することになり，記念品に「御栄転祝」と上書きし用意した。
5) 香典を用意するように言われたが，相手の宗教が分からなかったので，「御霊前」と上書きした不祝儀袋を用意した。

30 次の時季に贈り物をするとき，上書きはどのように書くのがよいか。下の枠内から一つずつ選び，番号で答えなさい。

記述

1) 1月下旬　　（　　　　　）
2) 2月中旬　　（　　　　　）
3) 8月中旬　　（　　　　　）
4) 12月中旬　（　　　　　）

```
1. 御中元   2. 御歳暮   3. 暑中御見舞   4. 余寒御見舞
5. 残暑御見舞   6. 寒中御見舞
```

SECRETARY 04　マナー・接遇

LECTURE　　　　　上書きの知識

28 解　答　2)

「解説」
「寸志」は,目下の人にお礼の金品を包むときに使う上書きである。従って訪問先への手土産の品に使うのは不適当。このような場合は,一般的には「粗品」などになる。

POINT!
いろいろな上書き

29 解　答　2)

「解説」
訪問のときの手土産の上書きは「粗品」であり,「御」は付けない。

POINT!
いろいろな上書き

30 記述 解答例
1) 6
2) 4
3) 5
4) 2

POINT!
時季の贈り物の上書き

31 次のような場合，のし紙の上書きはどのように書けばよいか。それぞれ漢字で答えなさい。

記述

1) 年始回りのあいさつなどに持っていく品
2) 試合を控えている社内の野球チームの合宿に差し入れる品
3) 立秋を過ぎてから8月下旬くらいまでの間に送る，季節の贈答

32 次のものを頂きお返しをするとき，上書きはどのように書けばよいか。適切と思われるものを（　　）内に一つずつ答えなさい（答えは漢字で書くこと）。

記述

1) 香典　　　　　　（　　　　　　　　　）

2) 新築祝　　　　　（　　　　　　　　　）

3) 病気見舞い　　　（　　　　　　　　　）

EXERCISE　　　　　　贈答のマナー

33 秘書Aは上司から，恩師が喜寿を迎えられたので，恩師宅に祝いの品を届けてもらいたいと指示された。次はこのとき，Aが順に行ったことである。中から<u>不適当</u>と思われるものを一つ選びなさい。

1) 上司に予算と恩師の好みを尋ねて，贈り物の候補を幾つか挙げた。
2) 候補のうち，どれにするかを上司に決めてもらった。
3) のし紙の上書きは何にしようかと考えたが，結局「寿」にした。
4) 恩師宅に，お祝いを届けると知らせて都合のよい日時を尋ね，その日時に訪れた。
5) 恩師宅に行くとき，Aも手土産を用意しておき，名乗って祝いの品物を渡してから差し出した。

SECRETARY 04　マナー・接遇

31 記述　解答例
1) 御年賀
2) 陣中御見舞・祈必勝
3) 残暑御見舞

POINT!
のし紙の上書き

32 記述　解答例
1) 志　忌明
2) 内祝
3) 快気祝　内祝　全快祝　快気内祝

POINT!
頂き物のお返しの上書き

LECTURE　贈答のマナー

33　解答　5)

「解説」
Aは恩師とは何の関係もなく，この場合は上司の代理で祝いの品を届けるのである。従って届けるだけでよい。手土産などの必要はなく，する立場でもないので不適当ということである。

POINT!
上司の恩師に喜寿の祝いを届ける

34 秘書Aと同じ部の課長が病気で入院した。次は上司（部長）の代理で見舞金を持って行ったときにしたことである。中から不適当と思われるものを一つ選びなさい。

1) 勤務時間中であったが，制服は脱いで，落ち着いた印象の私服に着替えた。
2) 病室の同室者には，相手は気が付かなかったがあいさつをして入室した。
3) Aも見舞いの花を用意して持って行き，部長からの見舞いを渡すときに一緒に渡した。
4) 仕事のことを聞かれたが，必要なら部長から連絡があるはずなので，療養に専念するようにと言った。
5) 課長の家族がいたので，困ったことがあったら何なりと相談してもらいたいと言った。

35 病気見舞いにお花を持って行く場合のマナーについて，三つ書きなさい。
記述

マナー・接遇

EXERCISE　パーティー・宴会のマナー

36 次は秘書Aが，会社の創立記念パーティーで受付を担当したときに行ったことである。中から不適当と思われるものを一つ選びなさい。

1) 早く帰る客のために，パーティーが始まって少したってから，引き出物を渡せるように準備した。
2) 遅れて来た客が会場の中に入るのをためらっていたので，どうぞと言ってドアを開けて入ってもらった。
3) 客からAの上司の所在を尋ねられたので，上司の所まで案内してくれるよう，近くにいた誘導係に頼んだ。
4) コートと長い雨傘を手にしたまま会場に入ろうとした客がいたので，クロークに預けてはどうかと言って場所を教えた。
5) 上役の代理で来たと言った客がいたので，その客の名前と誰の代理かを確認して少し待ってもらい，受付担当の責任者に対応を頼んだ。

34 解答　5)

「解説」
入院中の課長は家族との生活の範囲内にいることになる。従って，困ったことがあったら相談してもらいたいと言うのは，立ち入ったことであり不適当ということである

POINT! 上司の代理で病気見舞いに行ったときにしたこと

35 記述 解答例

1) 鉢植えの花はよくない。（根がついているので根付く→寝付く）との理由でよくない。
2) シクラメンは「死」「苦」が入っているのでよくない。
3) 切り花の数は，4本，9本は「死」「苦」を連想させるのでよくない。

「解説」
その他として「首から落ちる花,例えば『椿やぼたん』は縁起が悪い」「『菊』は『葬儀の花』なので縁起が悪い」「香りの強い花や花粉の濃い（ゆり）などもよくない」などもよい。

POINT! 病気見舞いに花を持っていく場合のマナー

LECTURE　パーティー・宴会のマナー

36 解答　5)

「解説」
会社のパーティーなどでは，事情により代理の人が出席する場合もある。その人が出席することによってその会社として出席したことになる。受付で，代理で来たと言う人に名前を確認して責任者に対応を頼むようなことではないので，不適当ということである。

POINT! 創立記念パーティーの受付で

37 次は祝賀パーティーに招待されたときのマナーについて述べたものである。中から<u>不適当</u>と思われるものを一つ選びなさい。(順番を変えない)

1) 会場に生花などを贈るときは，あらかじめ主催者側の了承を得てからにする。
2) 招待状に服装の指定がないときは，会場の格や開始時間などによって決めるか，主催者側に尋ねてみるのもよい。
3) 会場の入り口で飲み物を手渡されることがあるが，主催者のあいさつや乾杯を待たずに口を付けてよい。
4) 来賓が祝辞を述べている最中は，会場内の出入りはなるべくしない方がよい。
5) パーティーが終わる前に帰るときは，主催者の所へ言ってあいさつしてから帰るようにすること。

38 次は秘書Aが耳にした，「料理」についてのごく簡単な説明である。それぞれ何という料理についての説明か。その名称を下の枠内から一つずつ選び，番号で答えなさい。

1) 中国風の精進料理
2) 肉や魚を使わない料理
3) 茶の湯などで供される，一品ずつ客に出す，簡素だが高級な日本料理
4) 酒宴に集まった人ごとにあらかじめそろえた品数を順に載せて出す日本料理

```
1 会席(かいせき)料理    2 小(こ)料理      3 精進(しょうじん)料理
4 卓袱(しっぽく)料理    5 懐石(かいせき)料理  6 普茶(ふちゃ)料理
```

39 次は，パーティーの形式の説明である。何パーティーか答えなさい。
　記述

1) (　　　　　　　・パーティー) 軽食が出される立食式のパーティー。

2) (　　　　　　　・パーティー) 晩餐会と訳される格式の高いパーティー。

3) (　　　　　　　・パーティー) 午餐会と訳される正式な昼食会。午後に開催される。

SECRETARY 04　マナー・接遇

37　解 答　5）

「解説」
パーティーは，最後までいなければいけないというものではないので，途中で帰ることは差し支えない。ただし，途中で帰ると言えば，華やかな雰囲気に水を差すことになる。従って特にあいさつは必要なく，そのまま帰ればよいということである。

POINT!
パーティに招待されたときのマナー

38　解 答
1) 6
2) 3
3) 5
4) 1

POINT!
説明している料理の名称

39　記述 解答例
1)（ビュッフェ・パーティー）
2)（ディナー・パーティー）
3)（ランチョン・パーティー）

POINT!
パーティの形式と名称

77

minimini KEY WORD

ちょっと押さえておきたい用語
「マナー・接遇」

■来客応対
好ましい人間関係をつくるためにも最良の応対を行います。そのためには,どのような客に対しても,誠意,公平,正確,迅速をもって接することが大切です。

■相づち
相手に快く話してもらい,話の真意をつかむためには,真面目に聞いている態度を示す必要があります。それには,タイミングよく相づちを打つことが効果的な方法といえます。

■1対1の原則
後輩などへの注意は,タイミングを見計らい,1対1を原則とします。他の人の前で注意すると,かえって逆効果になることが多いので配慮が必要です。

■注意の受け止め方の基本
上司が秘書に対して注意するのは,部下に対する期待の表れ,部下を思いやっての苦言であると,素直に受け止めます。それが人間的成長,仕事の能力向上につながるのです。

■敬語
相手の動作などを直接的に敬う「尊敬語」,自分をへりくだり,間接的に相手を敬う「謙譲語」,相手を敬い,話しぶりを丁寧にする「丁寧語」の違いを理解することが大切です。

■敬語を使うべきではない場合
①動物や自然現象「風がお吹きになる」「犬が鳴かれる」,②外国語・外来語「おジュース」「おコップ」などは,敬語表現をしません。

■低い程度の尊敬語
部長に課長のことを言うような場合は,課長にも敬意を払いつつ部長にはそれ以上の敬意を払います。そのため課長の行為には「れる,られる」の低い程度の尊敬語を使います。

■上司に対してご苦労さま?
「ご苦労さまでした」は,同僚や後輩に対するねぎらいの言葉です。目上の人(上司や先輩,お客さま)には,「お疲れさまでした」が適切な言い方です。

■名刺の受け取り方
名刺を出されたら,丁寧に両手で受け取り,会社名と名前を確認してから取り次ぎます。名前などの読み方が分からないときは,その場で尋ねるようにします。

■取引先の昇進・就任・栄転などの慶事には
①上司が電話でお祝いを言ったり,祝電を打ったりする,②歓送迎会,祝いの会などを開催する,③転勤を伴う場合は,餞別を用意したりする,などの対応が考えられます。

■喪章
喪章は,幅3~6cm,光沢のない黒生地で,左腕上部に着けます。遺族や近親者,社葬のときは主催者側が着け,一般会葬者は必要ありません。

■水引の色
慶事には紅白・金銀・金紅,弔事には白黒・双白・双銀などを用い,いずれも濃い色(紅,金,黒)を右に置きます。

■賀寿
長寿を祝うことで,節目の年齢(数え年)としては,還暦(満60歳),古希(70歳),喜寿(77歳),傘寿(80歳),米寿(88歳),卒寿(90歳),白寿(99歳)などがあります。

SECRETARY

準1級 05

技能

実技編

各問いの『解答・解答例』は、印刷の濃さを薄くし、
目に入ることで考える妨げにならないよう配慮してあります。

EXERCISE　　会議の知識

1 次は，会議に関する用語とその説明の組み合わせである。中から不適当と思われるものを一つ選びなさい。

1) 付議　＝　会議にかけること。
2) 採択　＝　議案や意見などを正式に採りあげること。
3) 採決　＝　議論をした後，賛成か反対かの決をとること。
4) 動議　＝　会議中に，予定された以外の議題を出すこと。
5) 諮問　＝　その会議で分からないことを，上位の機関に尋ねること。

2 秘書Aは上司（営業部長）から，「今度の営業会議は午前，午後にまたがるので準備を頼む」と言われた。営業会議は，社内の会議室で行われる。次はこのことに対して，Aがしようとしたことである。中から不適当と思われるものを一つ選びなさい。

1) 長時間にわたるので，会議室の隅に冷水とお茶のポットを置いておき，出席者がいつでも飲めるようにした。
2) 昼食の予定は12時だが，会議の進行具合で少し早まることもあるので，12時少し前には出せるようにした。
3) 昼食は，準備や後片付けに手間がかからないように幕の内弁当を手配し，出すときに同僚に手伝ってもらうことにした。
4) 途中で退席をする人がいるかもしれないので，同僚と交代で会議室の外に待機して出入りをチェックすることにした。
5) お茶を出すときや昼食時に会議室に入ったとき，エアコンや換気の状態も確認して調節することにした。

3 次は会議に関する用語の説明である。それぞれ何というか（　　）内に一つずつ答えなさい。 記述

1) 上位者（組織）が下位者（組織）に意見を求め尋ねること。
（　　　　　　　　　　）
2) 議案の採決で可否同数のときの，議長の持つ決定権のこと。
（　　　　　　　　　　）
3) その会議でいったん決まったことは，その会議の開催中は二度は議事をしないという原則のこと。
（　　　　　　　　　　）

LECTURE　　　会議の知識

1　解答　5)

「解説」
「諮問」とは，重要事項を決定するときなどに，決定に先立って付設の委員会などに専門的な意見を求めることである。

POINT!　会議に関する用語とその説明の組み合わせ

2　解答　4)

「解説」
会議の始まる前には，例えば遅刻者がいるときなど会議室の外に待機する場合もあろうが，始まった後は，途中退出などは出席者が自分の判断ですることでAには関係がない。出入りをチェックするなどはする必要がなく不適当ということである。

POINT!　午前、午後にまたがる営業会議の準備

3　記述　解答例
1) 諮問
2) キャスチングボート
3) 一事不再議の原則

POINT!　会議に関する用語とその説明

EXERCISE 文書の作成

4 次は秘書Aが，社外に出す文書を書くときに配慮していることである。中から不適当と思われるものを一つ選びなさい。

1) 見舞い状には，普通の文書で書く時候のあいさつなどは省いている。
2) 文書に金額などを書くときは，数字が2行にまたがることがないようにしている。
3) 文書に相手の名前を書くときは，名前が行の最後にくることのないようにしている。
4) 上司名で出す祝い状などを代筆するときは，結語を書いた次の行に小さく（秘書代筆）と書くようにしている。
5) 会議などの開催通知を書くときは，日時や場所などは主文に入れず，別に「記」と書いてから箇条書きにしている。

5 秘書Aは販売部長に着任した上司から，「一般的なものでよいから着任のあいさつ状の草案を作成してもらいたい」と指示された。次はその草案である。（　）内に入る適切な手紙の慣用語を答えなさい。

記述

拝啓　貴社ますます（　a　）のこととお喜び申し上げます。
　さて私こと，このたび販売部長を命じられ，過日着任いたしました。
　（　b　）ながら新任務に専念する（　c　）でございますので，前任者同様，ご指導とご厚情を賜りますよう，お願い申し上げます。
　まずは，（　d　）ながら，（　e　）をもってごあいさつ申し上げます。敬具

6 次の各文は社外文書の一部だが，中に慣用語の誤りが1箇所ずつある。誤りの部分を抜き出し，適切な慣用語を答えなさい（カッコ内の言葉は変えないこと）。

記述

1) （自費出版の本です。）ご恵贈申し上げます。
2) （書類をお送りいたします。）ご笑納くださいますようお願いいたします。
3) （田中一郎氏を紹介いたします。）ご拝眉くださいますようお願い申し上げます。
4) （今後も皆様のご期待にお応えできるよう，）社員全員努力いたす所存でございます。

LECTURE　文書の作成

4　解答　4)

「解説」
代筆というのは，本人が書くべきところを，事情があって代わりの人が書いたもののことである。この場合は，上司名で出す祝い状だから，上司の知人などであろう。上司名で済むことだから，わざわざ代筆したと書く必要はないということである。

POINT! 社外文書作成のときの配慮

5　記述　解答例
a　ご隆盛・ご発展
b　微力
c　所存
d　略儀
e　書中

POINT! 着任あいさつ状で使う慣用語

6　記述　解答例
1) ご恵贈　→　謹呈・贈呈
2) ご笑納　→　ご査収
3) ご拝眉　→　ご引見
4) 全員　　→　一同

POINT! 社外文書で使う慣用語

83

7 次は秘書Aが，上司の手紙を代筆したときの前文である。中から<u>不適当</u>と思われるものを一つ選びなさい。

1) 前略　取り急ぎお知らせ申し上げます。
2) 拝復　時下ますますご発展のこととお喜び申し上げます。
3) 拝啓　貴社ますますご隆盛のこととお喜び申し上げます。
4) 拝啓　向寒の候，貴社ますますご清祥のこととお喜び申し上げます。
5) 謹啓　貴殿におかれましてはますますご健勝のこととお喜び申し上げます。

8 次は社外文書の一部であるが，中に表現の誤りが1箇所ずつある。誤りを抜き出し，適切な表現に直しなさい。　記述

1) ご出席のご都合を在中はがきでお知らせください。
　（　　　　　　→　　　　　　　　）
2) 領収書をお送りいたしますので，ご笑納ください。
　（　　　　　　→　　　　　　　　）
3) 平素はほかならぬご高配にあずかり，厚く御礼申し上げます。
　（　　　　　　→　　　　　　　　）
4) まずは，略式ですが書中をもってごあいさつを申し上げます。
　（　　　　　　→　　　　　　　　）
5) 前略　賜りますれば，突然ご入院なさった由，大変驚きました。
　（　　　　　　→　　　　　　　　）

EXERCISE　　社交文書

9 次は秘書Aが，社外に発信する文書を書くときに配慮していることである。中から<u>不適当</u>と思われるものを一つ選びなさい。

1) 役員就任のあいさつ状は，句読点を付けないで縦書きで作成し印刷を手配した。
2) 取引先の役員が亡くなった悔やみ状の頭語は省き，敬意を表するため前文は丁寧に書いた。
3) 悔やみ状には「重ね重ね」「再び」など不幸を連想させる忌み言葉は使わないよう注意した。
4) 上司名で歳暮や中元を贈る際の送り状に，日ごろの礼や会社の業績と上司の近況とを書き添えた。
5) 見舞金に同封した見舞い状には，快復を祈っていると書き，見舞金のことは最後にさりげなく書いた。

SECRETARY 05　技能

7 　解　答　　4)

POINT! 手紙の前文

「解説」
「ご清祥」とは，相手の健康を喜ぶ言葉で，相手が個人の場合に使う。ここでは相手が会社なのだから，「ご清祥」を使うのは不適当ということである。

8 　記述／解答例
1) 在中→同封
2) ご笑納→ご査収
3) ほかならぬ→ひとかた（一方）ならぬ
4) 略式ですが→略儀ながら
5) 賜り→承り

POINT! 社外文書で使う表現

LECTURE　　　　社交文書

9 　解　答　　2)

POINT! 社外文書を書くときの配慮

「解説」
お悔やみ状は，その人の死を惜しむ気持ちを家族に伝えて慰めるために出すものである。従って，悲報に接しての驚きから述べていくのが書式の形で，時候のあいさつや日ごろ世話になっていることの礼などは書かない。

85

10 次は手紙で使う，相手側と自分側の言い方の組み合わせである。中から不適当と思われるものを一つ選びなさい。

　　　　　　　　　〈相手側〉　　　〈自分側〉
1) 娘のこと　　　　ご令嬢様　――――　娘
2) お父さんのこと　ご尊父様　――――　父
3) お母さんのこと　ご母堂様　――――　母
4) 息子のこと　　　ご令息様　――――　子息
5) 妻のお父さんのこと　ご岳父様　――――　義父

11 次の（　　）内に入れるとよい季節の語を，下の枠内から一つずつ選び，番号で答えなさい。

1) 1月ごろは　　（　　　　　）
2) 5月ごろは　　（　　　　　）
3) 9月ごろは　　（　　　　　）
4) 12月ごろは　（　　　　　）

| 1 早春の候 | 2 師走の候 | 3 盛夏の候 | 4 新秋の候 |
| 5 新緑の候 | 6 向寒の候 | 7 厳寒の候 | 8 秋冷の候 |

12 次はそれぞれビジネス文書の一部である。□□部分に適切な慣用語を漢字で答えなさい。 記述

1) 資料をお送りいたしましたので（ご□□）ください。
　　　　　　　　　　（調べて受け取ってください）

2) 他事ながら（ご□□）ください。
　　（どうかこちらのことは気にかけないでください）

3) S氏をご紹介いたしますので，何とぞ（ご□□）のほどお願いいたします。
　　　　　　　　　　　　　　（会って〈面会して〉ください）

4) （　□品　）をお送りいたしましたので（ご□□）ください。
　（つまらない品）　　　　　　（気楽に受け取ってください）

SECRETARY 05　技能

⑩　解　答　　4）

「解説」
「ご令息様」も「子息」も，相手側の息子の言い方である。自分側は「息子」なので不適当ということである。

POINT!
手紙で使う言い方の組み合わせ

⑪　解　答　　1）（　7　）
　　　　　　　2）（　5　）
　　　　　　　3）（　4　）
　　　　　　　4）（　2　）

POINT!
手紙で使う言い方の組み合わせ

⑫　記述解答例
　1）査収
　2）放念
　3）引見
　4）粗
　　　笑納

POINT!
ビジネス文書で使う慣用句

13 次はビジネス文書の一部である。（　　　）の中に適切な言葉を入れなさい。　記述

1) 貴社社長M様ご（　①　）とのこと，ご遺族様をはじめ社内ご（　②　）様
　　　　　　　　　　　　　　　　　　　　　　　　　　　　皆（様）
のご愁傷いかばかりかとお察しいたします。
　　なお，同封いたしましたのは心（　③　）のものでございますが，ご霊前にお供えくださいますようお願い申し上げます。

2) （　④　）は，略儀ながら（　⑤　）をもってお祝い申し上げます。
　　　　　　　　　　　　　　　手紙で

3) 貴社の製品について大変関心をお持ちですので，ここにご紹介させていただきます。
　　（　⑥　），よろしくご（　⑦　）くださいますようお願い申し上げます。
　　　どうか　　　　　　会って

14 秘書Aは出張から戻った上司から，「向こうで世話になった取引先の部長にお歳暮を贈るので，今から言うことをメモしてはがきで簡単な送り状を出しておいてもらいたい」と指示された。内容は以下である。□に文字を入れて完成させなさい。
　記述

「ますます，健康であることを喜んでいる。いつも特別に目をかけてもらって，本当に感謝している。ついては普段の感謝の気持ちを表すために，別発送で○○を送った。どうぞ受け取ってほしい。取りあえず，手紙であいさつする」

拝啓　①□□の□□、ますますご②□□のことと③□□□□□□□とお喜び申し上げます。
④□□は□□のお⑤□□のお□□□□□にあずかり，⑥□□□□□にありがとうございます。⑦□□□にありがとうございます。
つきましては，⑧□□の感謝の印として，⑨□□で○○をお送りいたしました。
⑩□□ご⑪□□くださいますようお願いいたします。
まずは⑫□□をもってごあいさつ申し上げます。
　　　　　　　　　敬具

13 記述解答例
1) ①逝去　②一同　③ばかり
2) ④まず　⑤書中
3) ⑥何とぞ　⑦引見

POINT!
ビジネス文書で使う言葉

14 記述解答例
① 初冬・師走
② 候
③ 健勝・清祥
④ 平素
⑤ 格別
⑥ 引き立て
⑦ 誠
⑧ 日ごろ
⑨ 別便・別送
⑩ 何とぞ
⑪ 笑納
⑫ 書中

POINT!
歳暮の送り状はがきの文面

EXERCISE　郵便の知識

15 次は秘書Aがとった郵送方法である。中から不適当と思われるものを一つ選びなさい。

1) 取引先に重要で急ぎの文書を送るとき，「速達」にして「簡易書留」で送った。
2) 上司が世話になった人にギフト券を送るとき，礼状を添えて「一般書留」で送った。
3) 遠方に住む上司の友人に香典を送るとき，悔やみ状を同封して「現金書留」で送った。
4) 上司が借りていた本を返すとき，上司が書いた礼状を同封して「ゆうメール」で送った。
5) 取引先に祝賀会の招待状を送るとき，数が多かったが，慶事用の切手を貼って普通郵便で送った。

16 秘書Aは，上司の指示で電報を打つことがある。次は，Aが打った電文である。それぞれの電文の空欄に適切な慣用語を答えなさい。　記述

1) 80歳の誕生日を迎えた上司の恩師宛てに（ａは年齢が分かるものにすること）
　「（　ａ　）のお祝いを申し上げ，ますますのご（　ｂ　）をお祈りいたします」

2) 母親が亡くなった取引先社長宛てに
　「ご（　ａ　）様のご（　ｂ　）を悼み，謹んでお（　ｃ　）申し上げます」

EXERCISE　文書の取り扱い

17 次は秘書Aが，秘文書を取り扱うときに行っていることである。中から不適当と思われるものを一つ選びなさい。

1) 秘文書には赤色で㊙の印を押し，秘文書であることがすぐに分かるようにしている。
2) 貸し出すときは，貸し出す相手や使用目的などを貸し出し簿に記入して管理している。
3) 社内の人に配布するときは，本人に直接手渡すときでも受領印かサインをもらっている。
4) コピーするときは必要枚数だけにするが，ミスコピーが出たときは文書細断機で処理している。
5) ファイルするときは他の文書と区別するため，封筒に入れて封をしてからフォルダーに入れている。

SECRETARY 05　技能

LECTURE　　　　　　郵便の知識

15　解　答　　4)

「解説」
「ゆうメール」には，添え状や送り状の他は中に手紙を入れることはできない。上司が書いた礼状を一緒に送るときは，「同時配達」を利用するか，他の郵送方法にしないといけないということである。

POINT! いろいろな郵便方法

16　記述解答例
1) a傘寿　　b健勝・長寿
2) a母堂　　b逝去　　c悔やみ

POINT! 電報を打つときに使う慣用語

LECTURE　　　　　　文書の取り扱い

17　解　答　　5)

「解説」
秘文書は関係者以外の目に触れないように，一連の文書とは区別しておく必要がある。しかし，封筒に入れて封をしてしまっては，すぐ取り出したり見たりできないので不適当である。秘文書は他の文書とフォルダーを別にしてファイルするのがよいということである。

POINT! 秘文書の取扱い

18 秘書Aは上司からまる秘印の押してある資料のコピーを渡され,「午後からの会議に使うので,出席者分をコピーしてもらいたい」と言われた。この場合,Aがコピーをするときに注意しなければならないことを,箇条書きで三つ答えなさい。 記述

19 次は秘書Aが,上司宛ての文書を上司に渡すときに配慮したことである。中から不適当と思われるものを一つ選びなさい。

1) 取引先との会食で使った店からの請求書を,経理へ回すので確認してもらいたいと言って渡した。
2) 差出人名は取引先の部長と同姓同名だったが,住所が個人のものと思われたので,開封せずに渡した。
3) 上司が返事を待っていた会社からの文書が速達だったので,開封して,他の郵便物の上に載せて渡した。
4) 上司宛ての書留だったが,差出人がAの知らない名前だったので「受信記録はしていない」と伝えて渡した。
5) すでに上司の出席が決まっているパーティーの案内状だったので,出席することになっていると言って渡した。

20 次はビジネス文書に関する説明である。どんな文書であるか(　　　)内に答えなさい。 記述

＜例＞　ある人にあることを代行してもらう意思を表明した文書(委任状)
1) 不明な点を問い合わせる文書　(　　　　　)
2) 決裁や承認を仰ぐための文書　(　　　　　)
3) 団体設立など何かを設立したり,実施しようとする際にその目的や考え方を表明した文書(　　　　　)

21 次は秘書Aが,バーチカルファイル用フォルダーに文書を収納するとき,注意していることである。中から不適当と思われるものを一つ選びなさい。

1) 3枚一組といった文書はホチキスでとじておく。
2) 折ってある文書は,折り目を上にしてフォルダーに入れている。
3) 折らないとフォルダーに納まらない文書は,表面を中にして折っている。
4) 最も新しい文書が,フォルダーを開けたときいちばん上にくるようにしている。
5) フォルダー内の文書は,大きさには関係なく,左肩をそろえておくようにしている。

技能

SECRETARY 05　技能

18　記述解答例
1) 必要数以外のコピーはしない。
2) ミスコピーが出たら、文書細断機で処理をする。
3) 原資料をコピー機に置き忘れないようにする。

「解説」
他に「近くに人がいないときを見計らってコピーをする」などもよい。

POINT! 秘文書をコピーするときの注意

19　解　答　4)

「解説」
受信記録というのは、確かに受け取ったということを記録しておくものであるから、差出人が誰かということは関係のないことである。従って、差出人がAの知らない名前だったので記録はしていないと伝えたというのは不適当ということである。

POINT! 上司宛ての文書を渡すときの配慮

20　記述解答例
1) 照会状
2) 稟議書　（起案書　合議書　回議書でもよい）
3) 趣意書

POINT! 説明するビジネス文書の名称

21　解　答　3)

「解説」
フォルダーに納める文書を折るときは、表面（おもてめん）を外にして折った方がよい。そのようにすれば、フォルダーから文書を出すとき、その文書を開けなくても外からどのような文書であるか分かるからである。

POINT! バーチカルファイルの使い方

EXERCISE　情報管理

22 次はカタログなどの整理方法について述べたものである。中から適当と思われるものを一つ選びなさい。

1) カタログは，薄いものもまとめて本棚に立てて整理すると使いやすい。
2) カタログは，必要な製品を選ぶとき連絡しやすいように，会社別で整理する。
3) カタログは，見やすいように書き込みなどせず，きれいに保存するのがよい。
4) 総合カタログは，新製品と旧製品の比較ができるので，古いものも保存しておく。
5) カタログは，年1回点検するなどして，あまり必要と思われないものは処分しておくとよい。

23 次は出版物に関することである。該当する名称を答えなさい。
　記述

1) 政府が発行する各界の実情と展望を述べた報告書
2) 政府が発行する法令など国民に知らせるべきことを掲載した機関紙〈日刊〉
3) その本の著者や発行所・発行年月日などが載っている部分
4) 大学・研究所などで刊行する，研究論文を収載した定期刊行物

EXERCISE　日程管理とオフィス管理

24 次は秘書Aが，上司のスケジュールを組むときやそれを管理するときに行っていることである。中から**不適当**と思われるものを一つ選びなさい。

1) 上司の私的な予定も，差し支えない限り業務上の予定と一緒に管理している。
2) 所要時間をあらかじめ決められない部内打ち合わせなどは，見当で時間を予定している。
3) 上司の留守中に受けた面談申し込みは，予定表に一応記入はするが（仮）と書いている。
4) 上司が出先などで決めてきた予定は，他の予定が入っていても調整して優先させている。
5) 外出のときの，帰社時刻や次の予定などの確認は，口頭やメモでまめに行うようにしている。

SECRETARY 05 技能

LECTURE 情報管理

22 解答 5)

「解説」
カタログ整理のポイントは，
・薄いカタログは，商品別の個別フォルダーを作成して整理する。
・商品別（製品別）に整理する。
・1年に1回は点検し，不要なものは処分する。新しいカタログを入手したら古いものは処分する。

POINT! カタログの整理の仕方

23 記述 解答例
1) 白書
2) 官報
3) 奥付
4) 紀要

POINT! 出版物に関する名称

LECTURE 日程管理とオフィス管理

24 解答 4)

「解説」
上司が出先で決めた予定が，無条件で他の予定に優先するということはない。予定が重なった場合どちらを優先させるかは上司に確認して決めることになる。従って，上司が出先で決めた予定を優先させるのは不適当ということである。

POINT! 上司のスケジュール管理で行っていること

25 秘書Aが新人Bに，上司のスケジュールを作成するときには時間にゆとりを持たせるのがよいと教えたところ，なぜなのかと尋ねられた。このような場合，あなたがAならBに，理由としてどのようなことを言うか。箇条書きで三つ答えなさい。
記述

26 秘書Aは上司から，「再来週の火曜日と水曜日，T支店に出張することになったので，準備をしてもらいたい」と言われた。同行者はなく，一人での出張だという。このような場合Aは，準備のために何を確認しなければならないか。箇条書きで三つ答えなさい。
記述

27 秘書Aは上司から，個室（上司専用）を持つことになったので，部屋のレイアウトの原案を作ってもらいたいと指示された。このような場合，上司の机はどのような場所に置くのがよいか。「入り口の正面にならない場所」以外に，箇条書きで四つ答えなさい。
記述

SECRETARY 05　技能

25 記述解答例
1. 会議や面談などは，当初の予定より時間が延びることがあるため。
2. 出先では，交通渋滞や交通機関の遅延など，予測のつかないことがあるため。
3. 上司が考え事をしたり，次の予定の準備をしたりする時間をつくるため。
4. 上司の健康への配慮のため。

POINT! スケジュール作成でゆとりを持たせる理由

26 記述解答例
1. 希望する往復の交通機関
2. 希望宿泊ホテル
3. T支店における主な予定
4. 用意する資料
5. 仮払いの金額

POINT! 上司の支店出張の準備

27 記述解答例
1. 入り口からなるべく奥まった場所。
2. 部屋全体を見渡せるように位置できる場所。
3. 冷暖房の風が直接当たらない場所。
4. 応接セットと背中合わせにならない場所。
5. 左または後ろ採光になる場所。

POINT! 上司の机を上司室のどこに置くか

ちょっと押さえておきたい用語
「技能」

■悔やみ状
お祝いなどの慶事では前文を書きますが、「悔やみ状」では前文を省きすぐに本文に入るのが普通です。

■回覧文書
社内文書の一つで、部内間で連絡を取り合うために通知や資料などを回して、一定の事項を伝える場合に使用する文書の形式です。

■忌み言葉
不吉な意味を持っていたり連想させることから、使用を避ける語のことをいいます。例えば、結婚の祝い状での「戻る、帰る、切る」、悔やみ状での「返す返す、重ね重ね」など。

■暑中御見舞・残暑御見舞
暑中御見舞は、梅雨明け（7月中旬）から立秋（8月初旬）までに出すのが一般的。立秋過ぎに出す場合は、残暑御見舞として出します。

■レターヘッド
便箋の上の部分に会社名や会社の所在地などを印刷してある便箋のことで、社内外に出す文書によく使われます。

■バーチカル・ファイリング
バーチカル（Vertical）とは、垂直という意味です。ファイリング方法の一つで、書類や名刺を垂直に立てて整理しておく方法です。

■プロジェクター
グラフや図版、文字などをスクリーンに映し出す装置。液晶のものが主流になっており、プレゼンテーションや会議、研修会でよく利用されます。

準1級 06 直前模擬試験 テスト1

SECRETARY

実力テスト

テスト1「直前模擬試験」は実力テストです。実際の試験問題と同じ形式で作成してありますので，各領域で学んだ力を試してください。また，筆記試験は「理論編」と「実技編」に領域区分され，それぞれが60％以上正解のとき合格となります。早稲田教育出版編集部独自のものですが，合格の目安を記していますので，所定の時間内に問題を解き終えたら，その結果を評価欄に照らしてください。合格圏内にあるか，さらなる努力がどの程度必要かが分かります。

試験時間 130分

区別	領域	問題数	正解数	合計正解数
理論編	Ⅰ 必要とされる資質	／3問 (1問が記述式)		／9問
	Ⅱ 職務知識	／3問 (1問が記述式)		
	Ⅲ 一般知識	／3問 (1問が記述式)		
実技編	Ⅳ マナー・接遇	／8問 (3問が記述式)		／14問
	Ⅴ 技能	／6問 (3問が記述式)		

●評価

■理論編

〈正解数〉　　〈評価〉
6問以上　　クリア
5問　　　　あと一息でクリア
4問　　　　やや努力が必要
3問　　　　さらに努力が必要
2問以下　　かなり努力が必要

■実技編

〈正解数〉　　〈評価〉
9問以上　　クリア
8問　　　　あと一息でクリア
7問　　　　やや努力が必要
6問　　　　さらに努力が必要
5問以下　　かなり努力が必要

◎理論編，実技編それぞれ60％以上正解のとき合格となります。なお，合格の目安は早稲田教育出版編集部が独自に付けたものです。

必要とされる資質

（チェック欄）□ □ □

1 秘書Aは後輩Bから，会社を辞めたいのだがと相談を持ちかけられた。辞めたい原因は同僚Cと気が合わないからだと言う。Bは仕事にも慣れて今後力になると期待していた。これから忙しい時期も迎えるので，今，Bに辞められては困る。このような場合，AはBにどのようなことを言えばよいか。次の中から**不適当**と思われるものを一つ選びなさい。

1) 「Cも同じように感じているかもしれないので，Bも自分自身を振り返ってみて何とかできないだろうか」と言う。
2) 「Bの力に大いに期待していたところだし，これから忙しい時期を迎えるので，何とか考え直してもらえないか」と言う。
3) 「今，辞められては困るので，Bと気を合わせてやっていくようにCを説得してみるから，しばらく待ってくれないか」と言う。
4) 「気が合わないのは誰にもあることなので，Cとの関係は仕事の上だけと割り切って，仕事を続ける方向で考えたらどうか」と言う。
5) 「辞めてどんなところに移ったとしても，気が合わない相手はいるかもしれないから，Cのよい面を見るようにしたらどうか」と言う。

（チェック欄）□ □ □

2 営業部長の秘書Aが，常務室に書類を届けに行くと，常務が雑談のような話し方で「営業部長は頑固のようだね。君もそう思わないか」と尋ねてきた。このような場合，Aはどのように対応すればよいか。次の中から**適当**と思われるものを一つ選びなさい。

1) 上司が頑固で困っているところを，この機会に相談してみる。
2) 雑談のような話し方なので，気に留めず笑顔で何も答えない。
3) 上司より立場が上の人なので，日ごろ思っていることを正直に話す。
4) 秘書として上司のことを悪く言うのはよくないので「お話できない」と断る。
5) 雑談のような質問だが，差し障りのないように「私にはよく分かりません」と答える。

職務知識

(チェック欄) □ □ □

3 秘書Aは業界団体の事務局から,「上司に理事会の開催通知を渡してあるが,出欠の返事をもらっていない。準備の都合で明朝までに連絡がほしい」との電話を受けた。Aは上司からこのことを聞いていない。上司は出張中で,今夜(金曜日)自宅に直接戻り月曜から出社の予定である。このような場合Aはどのような対応すればよいか。次の中から不適当と思われるものを一つ選びなさい。

1)「上司は今週出張なので,返事を月曜朝まで待ってもらえないか」と頼む。
2)「返事が遅れ申し訳なかったが,すぐに出張先の上司に確認し連絡する」と言う。
3)「今夜,上司から返事を聞き,明朝連絡する」と言い,何時までならよいかを確認する。
4) 委員会の日時や場所を尋ね,上司のスケジュールが空いていれば,一応出席にしておいてもらう。
5)「上司が出席しないと,何か差し支えることがあるか」と尋ね,差し支えがあれば出席にしておいてもらう。

(チェック欄) □ □ □

4 秘書Aの上司(常務)のところへ、取引先の社屋披露パーティーの招待状と祝辞の依頼状が届いた。その日はあいにく上司は出張で出席できないので、営業部長に代理出席を頼んだ。次はそのときAが取引先に対して行ったことである。中から不適当と思われるものを一つ選びなさい。

1) 上司は出張で出席できないとわびた。
2) 代理出席する営業部長名を知らせた。
3) 祝辞は部長の代読になるがよいかと尋ねた。
4) 祝辞に入れた方がよい内容があるか尋ねた。
5) 祝辞はいつまでに届ければよいかを確認した。

一般知識

(チェック欄) □ □ □

5 次の用語の説明で,不適当と思われるものを一つ選びなさい。
1)「解雇」とは,雇っている人を辞めさせること。
2)「定年制」とは,退職するように決めた一定の年齢のこと。

3)「人事考課」とは,従業員の担当職務の達成度を評価すること。
4)「福利厚生」とは,従業員の医療や娯楽を目的として企業が行う業務。
5)「終身雇用」とは,従業員の身分を原則として生涯保障する雇用形態。

(チェック欄)□ □ □

6 次は,用語とその意味の組み合わせである。中から<u>不適当</u>と思われるものを一つ選びなさい。
1) ステータス　　　　　＝　社会的な地位や身分のこと。
2) ゼネラリスト　　　　＝　広範な分野の知識・技術・経験をもつ人。
3) ジョブローテーション　＝　人材育成のために計画的に配置換えをすること。
4) ボトムアップ　　　　＝　自分に足りないことを自覚し,能力向上に努めること。
5) トップダウン　　　　＝　組織内で,上層部が意思決定し,部下がそれに従う管理方式。

マナー・接遇

(チェック欄)□ □ □

7 次は秘書A(山本部長秘書)の来客に対する言葉遣いである。中から<u>適当</u>と思われるものを一つ選びなさい。
1) 来客が名前を名乗らないので
　「失礼でございますが,どちら様でございますか」
2) 当社の誰を呼んだらよいかと言うとき
　「私どものどなたをお呼びすればよろしいでしょうか」
3) 部長はすぐ来るので待ってもらいたいと言うとき
　「山本はすぐに参りますので,お待ちしていただけますでしょうか」
4) 私では分からないので代わりの者でもよいか
　「私では分かりかねますので,代わりの者でもよろしゅうございますか」
5) 一方的に自分のことを通そうとする客に
　「そのようなことをおっしゃられても,私どもではお受けいたしかねます」

(チェック欄)□ □ □

8 次は用語の説明である。中から<u>不適当</u>と思われるものを一つ選びなさい。
1)「賀寿」とは,長寿の祝いのことである。

2)「叙勲」とは, 勲等を授け, 勲章を与えることである。
3)「吉日」とは, 物事をするのによいとされる日のことである。
4)「水引」とは, 贈り物の包みなどにかける細くて硬いひものことである。
5)「祝詞」とは, 神前で結婚式を行った人に親族が贈る, 祝いの言葉である。

（チェック欄）□ □ □

9 次は, 贈答のマナーについて述べたものである。中から不適当と思われるものを一つ選びなさい。
1) 香典返しに礼状は不要である。
2) 喪中の人へのお歳暮は, 遠慮して贈らない。
3) 新社屋落成式は, お祝いとして日本酒のこもかぶりなどもよい。
4) 事務所の開設のお祝いは, らんの鉢植えや観葉植物などもよい。
5) 緑茶は香典返しに使われることが多いので, 慶事には贈らない方が無難である。

（チェック欄）□ □ □

10 次は秘書Aが書いた上書きである。中から不適当と思われるものを一つ選びなさい。
1) 取引先の社内旅行の差し入れに「御酒肴料」と書いた。
2) 家を建てる人の棟上げ式のお祝いのとき「上棟御祝」と書いた。
3) 賀寿を迎えた人に対してお祝いの贈り物をするとき「献呈」と書いた。
4) 永年勤続者に贈る現金を入れる祝儀袋の上書きを頼まれたとき,「金一封」と書いた。
5) 上司の友人が趣味でしている踊りの発表会に酒を差し入れるように言われたとき, のしに「楽屋御見舞」と書いた。

（チェック欄）□ □ □

11 次は, 料理やパーティーについて述べたものである。中から不適当と思われるものを一つ選びなさい。
1) 精進料理　　　　　　＝ 肉・魚を使わない料理のこと。
2) 懐石料理　　　　　　＝ 一品ずつ客に出す高級日本料理のこと。
3) ランチョン・パーティー ＝ 略式の晩餐会に相当する昼食会のこと。
4) ビュッフェ・パーティー ＝ 飲み物とオードブル程度の立食会のこと。
5) 会席料理　　　　　　＝ 立食形式の宴会の席で出す日本料理のこと。

技　能

12　次は，集会の形式について述べたものである。中から不適当と思われるものを一つ選びなさい。

1) 「フォーラム」とは，出席者全員が参加して，あるテーマについて質疑応答や意見交換を行う公開討議形式のことである。
2) 「円卓会議」とは「フリートーキング」ともいい，席次などは気にせずお互いの顔を見ながら自由に話し合う会議形式である。円卓でなくてもよい。
3) 「バズセッション」とは，「ガヤガヤ会議」と直訳され，小グループに分かれ，あるテーマについて自由に話し合った後，その結果を持ち寄って討議する形式のことである。
4) 「パネル・ディスカッション」とは，あるテーマについてその考えを深めるために数人が意見を発表し，それについて参加者から質問に答える形で行う討議形式のことである。学術的な会議でよく使われる。
5) 「ブレーンストーミング」とは，出席者は自由に意見を発表し，自由に考えを出し合うことが必要で，出た意見に対しては批評をすることは許されない。アイデアを引き出すために行う討議形式のことである。

13　次は秘書Aが，上司から指示された文書を作成するときに用いた言葉である。中から不適当と思われるものを一つ選びなさい。

1) 「調べた上で受け取ってほしい」ということを，「何とぞご査収ください」と書いた。
2) 「面会してくれるようお願いする」ということを，「ご引見くださるようお願い申し上げます」と書いた。
3) 「略式だが手紙で礼を言う」ということを，「略儀ながら書中をもって，御礼申し上げます」と書いた。
4) 「つまらない物を贈ったが，納めてほしい」ということを，「粗品をご恵贈いたしましたので，ご笑納ください」と書いた。
5) 「何はともあれ，あいさつを兼ねてお願いする」ということを，「まずは，ごあいさつかたがたお願い申し上げます」と書いた。

14 次は秘書Aが，上司の指示で「秘」扱い文書を社内の部長に配布するときに行ったことである。中から不適当と思われるものを一つ選びなさい。
1) 「秘」扱い文書に赤色で「秘」の印を押し，「秘」扱い文書であることがすぐ分かるようにした。
2) 「秘」扱い文書に一連番号を付けて，その番号と配布先を控えた。
3) 「秘」扱い文書を中が透けない封筒に入れて封をし，表面に各部長名とその脇に「親展」と書いた。
4) 在席している部長には，文書名を口頭で伝えて直接手渡した。
5) 部長が不在だったので，「秘」扱い文書であることのメモを付けて，秘書に預けた。

記述問題　　　　　必要とされる資質

15 秘書Aは，数カ月前に，部長秘書から社長秘書に抜てきされた。最近，同僚から「何となく近寄り難くなった」とうわさされていると聞かされた。このようなことをなくすために，Aはどのようなことをすればよいと思うか。三つ述べなさい。

記述問題　　　　　職務知識

16 秘書Aの上司は現在骨折し入院中である。そこへ上司から「今週末退院することになった」という連絡が入った。このような場合Aが上司に尋ねておくことを，箇条書きで三つ答えなさい。

記述問題　　　　　一般知識

17 次のそれぞれの仕事をする人の職業，役割を何と言うか。（　　）内に答えなさい。
1) 特許・実用新案の手続きなどを代理で行う人。（　　　　）
2) 企業や個人の財務書類の監査や証明をする人。（　　　　）
3) 民事に関する事実を公に証明できる権限を持つ人。（　　　　）
4) 企業の業務や会計が適正に行われているか監視する人。（　　　　）

記述問題　マナー・接遇

18　次のそれぞれについて，改まった言葉を二つずつ答えなさい。
1) 上司に「来客が来た」と言うとき
「お客さまが（　　　）」
2) 訪問先に対して「改めてまた来る」と言うとき
「改めてまた（　　　）」
3) 来客に「私が用件を聞く」と言うとき
「私がご用件を（　　　）」

19　秘書Aのところに，後輩秘書のBが配属され，新しい仕事に慣れるまで当面の間指導するようにと上司から指示された。BはAに相談することもなく自分の都合を優先して仕事を進めることが多く，その結果上司にも迷惑をかけてしまうことがたびたびある。このような場合，Aのとるべき対処を答えなさい。
1) Bに注意すべきこと。
2) Aが反省すべきこと。

20　次の上書きは，どのようなときに書くか。（　　　）内に答えなさい。
1) 志
2) 寸志
3) 内祝

記述問題　技能

21　秘書Aは上司（総務課長）から「健康保険証が更新されるので，社員宛てに次の件を文書で伝えてほしい」と指示された。その内容は「旧保険証は，各課で取りまとめて11月20日までに戻すようにし，新保険証は，11月25日に配布する」ということである。（文書番号：総発第30号，発信日付：令和×年11月1日，担当：佐藤A）形式の整った文書を作成しなさい。

22 秘書飯島京子の同期入社の同僚が，主任になって転勤することになった。飯島は先輩秘書の松本真理と二人で現金を贈ることにした。右の祝儀袋に上書きと二人の名前を入れるとしたら，どのように書けばよいか。適切な位置に書き入れなさい。

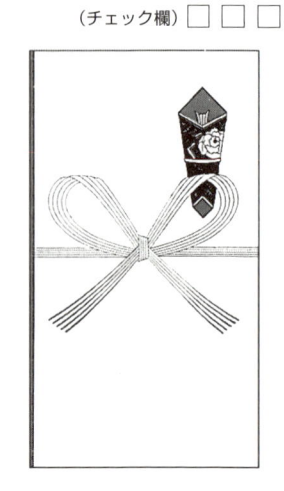

23 秘書Aは上司から，新しい名刺が急に増えたので，使いやすいように整理するよう指示された。名刺の数は600枚以上ある。このような場合の適切な名刺の整理の仕方を四つ答えなさい。

SECRETARY

準1級 07

本試験問題

テスト2

本番テスト

テスト2「本試験問題」は本番テストです。実際に出題された過去問題が掲載してあります。問題をよく読み何が問われているかに注意して，総仕上げのつもりで取り組んでください。
- 設問ごとの難易度ランクを解答解説編に付けていますので，参考にしてください。

試験時間　130分

区別	領　域	問題数	試験時間
理論編	Ⅰ　必要とされる資質	／3問 (1問が記述式)	130分
	Ⅱ　職務知識	／3問 (1問が記述式)	
	Ⅲ　一般知識	／3問 (1問が記述式)	
実技編	Ⅳ　マナー・接遇	／8問 (3問が記述式)	
	Ⅴ　技能	／6問 (3問が記述式)	

必要とされる資質

1 秘書Aは新しく付いた上司から,「前の上司はどのような人だったのか」と尋ねられた。次は,このときAが話したことである。中から不適当と思われるものを一つ選びなさい。
1) 仕事の仕方。
2) 嗜好品に関すること。
3) 生活態度に関すること。
4) 前上司に対して望んだこと。
5) 周りの人がしていたよいうわさ。

2 秘書Aの上司は最近忙しいせいか,イライラして部下に当たることがある。このようなことをAは部下の人たちに,どのように言ってあげるのがよいか。次の中から不適当と思われるものを一つ選びなさい。
1) 誰かれの別なく当たっているようなので,忙しさがなくなれば治まると思うと言う。
2) 当たるのは人に対してだから,例えば報告などは,しばらく文書ですればよいと思うと言う。
3) 上司に用事のあるときは,前もって教えてもらえば,上司の気分の状態を知らせてもよいと言う。
4) 部下に当たるのは,忙しくてイライラしてのことだから,あまり気にしない方がよいと思うと言う。
5) 用事があって上司のところに行ったとき,自分が近くにいるようにしようか,上司は少しは気にするかもしれないからと言う。

職務知識

3 秘書Aの後輩Bは,社内外の連絡をほとんど電子メールで行っている。しかし,効率を考えると電話の方がよいと思われることがあるので,AはBに電子メールだけの連絡を見直すようにと言うことにした。次は,AがBに言ったことである。中から不適当と思われるものを一つ選びなさい。
1) 会合などの日程調整は,相手の都合が画面上で確認できるから,メールの方がよいかもしれない。

2) 複雑な内容の説明は,相手の理解度に合わせた対応ができるから,電話の方がよいのではないか。
3) 簡単な連絡や予定の変更連絡などは,そのことだけ伝わればよいので,メールの方がよいかもしれない。
4) 苦情などへ対応するときには,こちらの事情を事務的に伝えられるので,メールで説明した方がよいかもしれない。
5) 急ぐ用件を伝えるときは,メールで送っておくだけではすぐに見てもらえないことがあるので,電話の方がよいのではないか。

(チェック欄)□□□

4 秘書Aは上司(総務部長)の指示で,社外の関係者に創立30周年記念社史を送ることになった。次は,このときAが順に行ったことである。中から不適当と思われるものを一つ選びなさい。
1) 社内の各部署から社史の送付先を挙げてもらった。
2) 送付先名を五十音順にして,送付先名簿を作った。
3) 上司に送付先名簿を見てもらい,追加・訂正の確認をした。
4) 上司から添え状の原稿をもらって,必要枚数印刷した。
5) 添え状に「献上」の印を押し,ゆうメールで郵送した。

一般知識

(チェック欄)□□□

5 次は,用語とその意味の組み合わせである。中から不適当と思われるものを一つ選びなさい。
1) スポンサー   = 広告主
2) カスタマー   = 専門家
3) エージェント   = 代理人
4) アテンダント   = 随行者
5) キーパーソン   = 中心人物

(チェック欄)□□□

6 次は,略語とその意味の組み合わせである。中から不適当と思われるものを一つ選びなさい。
1) NGO = 非政府組織
2) ODA = 政府開発援助
3) NPO = 民間営利団体

4) PKO ＝ 国連平和維持活動
5) IOC ＝ 国際オリンピック委員会

マナー・接遇

7 次は秘書Aが，上司（部長）に言ったことである。中から言葉遣いが<u>不適当</u>と思われるものを一つ選びなさい。
1) その人ならよく知っていると言うとき
「その方でしたら，よく存じ上げております」
2) こっちの資料を見てもらえないかと言うとき
「こちらの資料に，お目通し願えませんでしょうか」
3) K社にはどう返事をしておこうかと言うとき
「K社にはどのようにお返事をいたしておきましょうか」
4) その書類は，今常務が読んでいると言うとき
「その書類は，ただ今常務がお読みなさっております」
5) 手伝えることがあれば指示してもらいたいと言うとき
「お手伝いできることがおありでしたら、ご指示くださいませ」

8 秘書Aは上司から，恩師が70歳を迎えられたので，恩師宅にお祝いの品を届けてもらいたいと指示された。次はこのとき，Aが順に行ったことである。中から<u>不適当</u>と思われるものを一つ選びなさい。
1) 上司に予算と恩師の好みを尋ねて，贈り物の候補を幾つか挙げた。
2) 候補のうち，どれにするかを上司に決めてもらった。
3) のし紙の上書きはいろいろ考えたが、結局「寿」とした。
4) 届けたとき出すために，Aの名刺に，上司の代理であることを上司に書いてもらった。
5) 恩師宅に，お祝いを届けると知らせて都合のよい日時を尋ね，届けた。

9 次は秘書Aが，来客に対して言ったことである。中から言葉遣いが<u>不適当</u>と思われるものを一つ選びなさい。
1) 雨の中を訪れた客に
「お足元の悪い中，恐れ入ります」
2) 土産を持ってきた客に

「お心遣いをいただきまして，恐縮に存じます」
3) 上司との面談を終えて帰る客に
「失礼いたします。気を付けなさってお帰りくださいませ」
4) 頼んで来てもらった客に
「お忙しい中，ご足労いただきましてありがとうございます」
5) 訪ねる先が分からなくて困っている客に
「どちらをお訪ねでしょうか。よろしければご案内いたしましょうか」

（チェック欄）□ □ □

10
秘書Aの上司のところへ3人の来客があった。このような場合Aは，来客に下の応接セットのどの位置を勧めるのがよいか。また，上司と，同席する課長はどの位置に座るのがよいか。次の中から**適当**と思われるものを一つ選びなさい。

1) 来客①②③　上司⑥　課長⑤
2) 来客①②⑥　上司⑤　課長③
3) 来客①⑤⑥　上司②　課長③
4) 来客②⑤⑥　上司③　課長④
5) 来客③⑤⑥　上司②　課長①

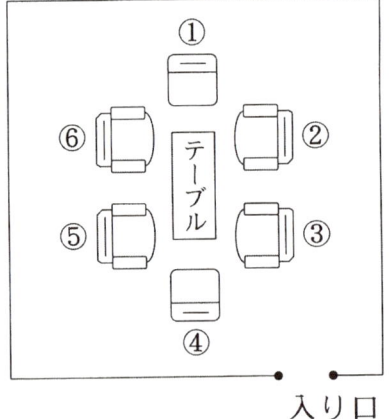

（チェック欄）□ □ □

11
次は，賀寿とそれを祝う年齢の組み合わせである。中から**不適当**と思われるものを一つ選びなさい。

1) 喜寿　＝　77歳
2) 傘寿　＝　85歳
3) 米寿　＝　88歳
4) 白寿　＝　99歳
5) 還暦　＝　60歳

技　能

12　次は，出版物に関する用語とその説明の組み合わせである。中から不適当と思われるものを一つ選びなさい。

1) 紀要　　　　＝　大学や学会・研究所などの研究論文集のこと。
2) 白書　　　　＝　政府が発行する，各界の実情と展望を述べた報告書のこと。
3) 公報　　　　＝　企業が決算の結果などを一般に知らせるための報告書のこと。
4) 会社四季報　＝　上場企業の株価や業績・所在地などの情報を記した出版物のこと。
5) 官報　　　　＝　政府が発行する，法令など国民に知らせるべきことを掲載した新聞のこと。

13　秘書Ａは新人Ｂから，「上司から清書するようにと渡された手紙の草稿の中に，意味の分からない語句がある。どのような意味か教えてもらいたい」と言われた。次はＡが教えたことである。中から不適当と思われるものを一つ選びなさい。

1)「ご報告かたがた御礼申し上げます」とは，「報告を兼ねてお礼を言う」という意味である。
2)「委細は拝眉(はいび)の上申し上げます」とは，「詳しいことは会ってから話す」という意味である。
3)「社業に精励いたす所存でございます」とは，「会社の仕事に励むつもりだ」という意味である。
4)「他事ながらご休心くださいませ」とは，「余計な心配をしないで休むように」という意味である。
5)「ご出席いただければ幸甚(こうじん)に存じます」とは，「出席してもらえれば非常にありがたい」という意味である。

14　秘書Ａの上司(山田一郎)は出張で，「ワールドホテル」に滞在している。この上司に，上司が常用している薬を送ることになった。このような場合宛名は，一般的にどのように書くのがよいか。次の中から適当と思われるものを一つ選びなさい。

1) ワールドホテル　気付
　　　山田一郎様
2) ワールドホテル方　気付
　　　山田一郎様
3) ワールドホテル内　気付
　　　山田一郎様
4) ワールドホテル
　　　山田一郎様　気付
5) ワールドホテル
　　宿泊者　山田一郎様　気付

記述問題　　　　　必要とされる資質
（チェック欄）

15　秘書Aのいる秘書課にBが配属された。Bは営業課からの異動のせいか，立ち居振る舞いや言葉遣いに粗雑なところがある。そこでAがBにこのことを注意したところ，「今までそんなことを言われたことはない」と言って改めようとしない。このことに，AはBにどのように言えばよいか。箇条書きで二つ答えなさい。

記述問題　　　　　職務知識
（チェック欄）

16　秘書Aの上司（部長）が外出中，業界紙Nから「商品Kの紹介をしたい」との取材申し込みの電話があった。このような場合，取材希望日時の他に，Aが聞いておかなければならないことを，箇条書きで三つ答えなさい。

記述問題　　　　　一般知識
（チェック欄）

17　次の用語の意味を簡単に（　　）内に答えなさい。
1) オーソリティー　（　　　　　　　　　　　）
2) コンシューマー　（　　　　　　　　　　　）
3) エグゼクティブ　（　　　　　　　　　　　）
4) スポークスマン　（　　　　　　　　　　　）

記述問題　マナー・接遇

18 次のような場合，秘書Aはどのように言えばよいか答えなさい。
1) 相手を電話口まで呼び出したとき。
2) 相手が会社にいないので自宅へ電話をかけたとき。
3) 上司（山田部長）の代わりに電話していると言うとき。
4) こちらからかけた電話で，用件に入る前に相手の都合を聞くとき。

19 次の上書きは，どのようなときに用いるか。（　　）内に簡単に答えなさい。
1) 寸志　　　（　　　　　　　　　　　　　　　　　　　　　）
2) 御車代　　（　　　　　　　　　　　　　　　　　　　　　）
3) 快気内祝　（　　　　　　　　　　　　　　　　　　　　　）

20 秘書Aは同僚のB（中村）に，出退社のとき「おはよう」「さようなら」を言っているが、Bははっきりしたあいさつを返さない。同僚と後輩に対してもそのようである。このようなBにあいさつを返してもらうためには，Bにどのようなことをしたらよいと思うか。箇条書きで二つ答えなさい。

記述問題　技　能

21 秘書Aは電子メールを送信するとき，宛先以外の人にも同時にコピーを送ることがよくある。その際，「CC：」の欄と「BCC：」の欄を使い分けている。どちらも送信先のメールアドレスを入力する欄だが，違いがある。この二つの欄の違いを簡潔に説明しなさい。

22 秘書Aは上司から，「11月25日から3日間，F支社に出張することになったので，準備してもらいたい」と言われた。そこでAは上司に，希望する往復の交通機関を確認したが，それ以外に何を確認しなければならないか。箇条書きで三つ答えなさい。

23 右は秘書Aが勤務する会社の令和×年度の各課の新入社員数をグラフにしたものだが，グラフの書き方としては不適切である。これを適切なグラフにするために，直すことや書き足すことを，箇条書きで三つ答えなさい。

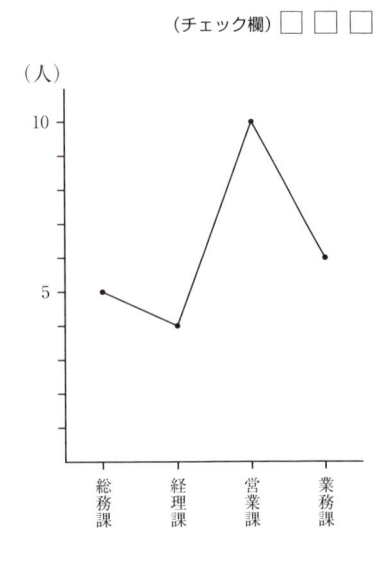

(チェック欄) □ □ □

(人)

SECRETARY

08

準1級 面接

面接編

1 準1級の面接試験の手順

控室に入る	空いている席に座り，番号札を左胸に着けて静かに待ちます。
課題を受け取る	試験の直前になると，係員から，報告すべき50字程度の課題が渡され，それを指定された場所で2分間で覚えます。課題用紙は返さなければなりません。
面接室に入る	係員の案内で3人一組になり，荷物を持って入室します。「失礼します」と言って会釈をして入り，所定の場所に荷物を置き，順に奥の椅子に座ります。
あいさつする	番号を呼ばれたら「あいさつ」と書いてある審査員の前に行き，面接番号，名前を言ってあいさつをします。
課題を報告する	次に「報告」と書いてある審査員の前に行き，覚えた課題を秘書が上司に話す言葉で要領よく報告します。
状況対応をする	次に「状況対応」と書いてある審査員の前に進み，パネルの指示（課題）に従って状況に応じた対応をします。
退室する	最後に「ロールプレーイング アドバイスシート」が渡されます。受け取ったら荷物を持って退室します。

- ☐ 試験は3人一組で行われます。
- ☐ 試験は一組が約10分です。（1人あたり約3分）
- ☐ 試験の内容は簡単なロールプレーイング（役割演技）です。
- ☐ 状況対応の課題はパネルで指示されますので，その指示に従ってロールプレーイングします。
- ☐ 質問はできません。
- ☐ 合否の結果は試験日以降に連絡されます。

SECRETARY 08　面接

面　接　室

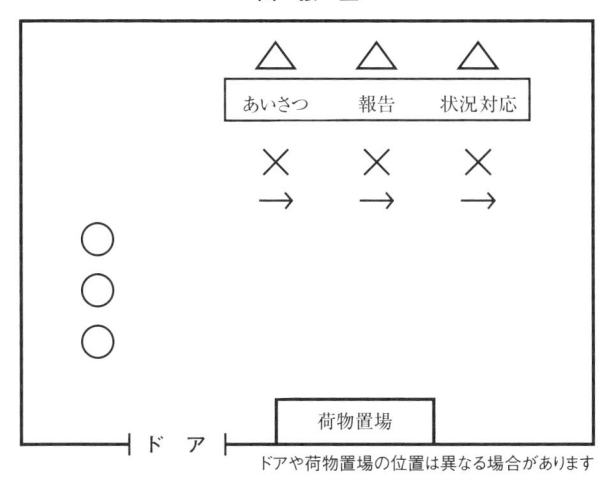

```
        △      △      △
      あいさつ  報告   状況対応
        ×      ×      ×
        →      →      →
 ○
 ○
 ○
           荷物置場
  ├ドア┤
      ドアや荷物置場の位置は異なる場合があります
```

△印は審査員
×印はロールプレーイングを行う位置
→印は進む順
○印は受験者が座る椅子

2 審査の基準

　この面接試験では，秘書検定の1級の面接試験に準じて，出された課題に対してどのように対応するか，その対応が実際のビジネスの場に適応するかどうかが審査されます。
　審査の対象となる課題は　①**あいさつ**　②**報告**　③**状況対応**　の三つです。これらの課題をクリアしていく中で，次の点が具体的にチェックされます。
- (1)　お辞儀の仕方
- (2)　歩き方
- (3)　立ち止まったときの姿勢
- (4)　聞くとき・話すときの姿勢，表情，手の組み方
- (5)　視線
- (6)　身のこなし
- (7)　服装
- (8)　言葉遣い（適切かどうか）

これらの点を総合し，秘書職としての適性（身だしなみや言葉遣い，態度のよさ，姿勢の美しさなどから総合的に適性があるかどうか）と，センス（物事全ての微妙な違いを知り，それを適切に生かせる感覚を持っているかどうか）が最終的な審査のポイントとして問われ，合否が決定されます。

3 試験に臨む前のチェックポイント

1）身だしなみ
　服装はビジネス的なものが望ましく，スーツが最もふさわしいといえます(学生の場合は制服で可)。アクセサリーは，秘書の職種から考えて，過剰な印象のものは避けるべきでしょう。化粧は口紅・マニキュアを含め，薄化粧を心がけます。また，お辞儀をしたとき，前や横に垂れ下がるような髪形の場合は，垂れ下がらないようにまとめます。髪形にも清潔感が必要です。靴はシンプルで機能的な中ヒール（5～6センチ程度）のパンプスがよいでしょう。ストッキングは肌色のものにし，伝線したときのために予備を用意しておくとよいでしょう。マニキュアをするときは，ナチュラルな色を選び派手なものは避けるようにします。

2）基本的な姿勢と動き
a．立っているとき
　おなかを引っ込め，肩を張ります。足のかかとをつけ，爪先(つまさき)を少し開けます。肩の力を抜き，手は自然に軽く横にそろえます。横から見て，耳，肩，手，膝，かかとが一直線になるようにします。
　立ち姿の矯正法として，壁に後頭部・肩・腰・かかとを接するようにして，背筋を伸ばすのもよいでしょう。

b．歩く姿勢
　背筋を伸ばし，視線を前方へ向けます。膝の内側が触れ合う程度に直線を歩くつもりで，足を軽く投げ出すようにして歩きます。結果として膝は伸びます。
　かかとの高い靴の場合は，腰と膝が伸びにくいので，伸びないまま歩くことにならないよう，注意が必要です。

c. 離着席

　椅子の前で，椅子を背にしていったん止まってから，静かに腰を下ろします。
　背筋を伸ばし，背もたれと背との間が少し空くぐらいの深さにかけ，どちらかの手を上に重ねた状態で自然に膝の上に乗せましょう。男性は，軽く握って膝の上に置きます。立つときは椅子の前にいったん立ち，膝が伸びて（結果として一瞬止まる）から歩き出します。

d. お辞儀

　会釈の場合は前傾10〜15度。顎を引き，視線は足元3メートルほど先に置きます。敬礼の場合は前傾30度。視線は1.5メートルほど先に置きます。最敬礼は45〜60度程度。
　その際，手は，肘を曲げずに体の前に持っていき，体の前で重ねます。背筋を伸ばし，首を前に倒したり，背中を丸めないようにしましょう。背を伸ばしたまま，お尻を後ろに突き出すつもりで腰から曲げます。このとき，視線を変える（落とす）と首もそれに伴って曲がるので要注意です。また，上半身は一度静止させてから起こすようにし，体を倒すときの速さより，元へ戻すときの速さを遅くすると美しく見えます。

　　　　会釈　　　　敬礼　　　　最敬礼
　　　　　　　　　　（中礼）

e. 前傾姿勢

　来客応対のとき，上司に報告するときなどの，人に接するときの体の構えのことをいい，体は会釈程度に曲げ，手は体の前で重ねます。話すときも聞くときも，視線は相手の額から胸元の範囲に置き，きょろきょろとせわしなく動かさないようにします。

4 面接試験の対応

【あいさつ】

　番号と名前を言って,「よろしくお願いします」などとあいさつをしてください。姿勢やお辞儀の仕方はもちろん,笑顔と,はきはきとした声と口調も審査の対象になります。受験者の第一印象を決定付ける大切な部分であることを認識しておく必要があります。

【報　告】　1人1課題を2分で覚えます

　報告の前後には必ず会釈することを忘れないこと。報告は,上司役の審査員の机の前1.5メートルほどの距離から行います。上司は着席しているわけですから,あまり前過ぎると,首を傾け過ぎて見苦しくなります。

　上司は常に忙しい状態にあると考えるべきです。従って,報告にもタイミングが求められます。報告の前に「少しお時間をいただけますでしょうか」「今よろしいでしょうか」などの一言を添えるのも工夫の一つです。また,余計な内容は省かなくてはなりません。正確かつ簡潔が重要です。2分間で内容を把握したら,次に自分の言葉で整理しておく必要があります。

【状況対応】　パネルの指示に従って,1人2課題の対応をします

　状況対応のロールプレーイングでは,上司を訪ねてきた来客に対する応対の仕方が試されます。

　準1級の課題では,来客対応の基礎的なものが取り上げられています。例えば,来客に対して「少し待ってもらいたい」という話し方や「部長は席にいない」「名刺をもらいたい」と話すことなどです。

　接遇用語を正しく使い,さらにお辞儀の仕方や,応対のときの姿勢,話すタイミングなどに気を配ることが大切になります。

SECRETARY

準1級・面接試験の課題と解答例

面接模擬課題
面接本試験課題

5 面接模擬課題

EXERCISE　あいさつ

あいさつをしなさい。

EXERCISE　報告

次の内容を2分間で覚え，秘書が上司に話す言葉で報告しなさい。
（1人1課題）

課題 ①

　履くだけで血行を促進し，むくみやだるさを解消する靴下ができた。冷えにも効果的なので，女性に好評だという。

課題 ②

　二つの異なる時刻を設定できる目覚まし時計ができた。平日と休日で異なる時刻を設定したい場合などに便利だという。

課題 ③

　いびきを防止するパッチができた。パッチを二つのツボに貼る事により，鼻詰まりをなくし呼吸を楽にするという。

課題 ④

　腕時計に似た形の携帯虫よけができた。腕を振ると虫よけ剤がまかれる仕組みで，電池が不要だという。

課題 ⑤

　センサーが人を検知して自動的に点灯する屋外型ライトができた。侵入者には防犯，家人には外灯の効果があるという。

SECRETARY 08　面接

LECTURE　　　　　　　　あいさつ

解答例　面接番号○○○番，(氏名)と申します。よろしくお願いいたします。

LECTURE　　　　　　　　報　告

課題 1　解答例
　失礼いたします。ご報告申し上げたいことがございますが,ただ今お時間よろしいでしょうか。
　履くだけで血行を促進し，むくみやだるさを解消する靴下ができたそうでございます。冷えにも効果的なので，女性に好評だとのことでございます。
　以上でございます。

課題 2　解答例
　失礼いたします。ご報告申し上げたいことがございますが,ただ今お時間よろしいでしょうか。
　二つの異なる時刻を設定できる目覚まし時計ができたとのことでございます。平日と休日で異なる時刻を設定したい場合などに便利だそうでございます。
　以上でございます。

課題 3　解答例
　失礼いたします。ご報告申し上げたいことがございますが,ただ今お時間よろしいでしょうか。
　いびきを防止するパッチができたとのことでございます。パッチを二つのツボに貼る事により，鼻詰まりをなくし呼吸を楽にするとのことでございます。
　以上でございます。

課題 4　解答例
　失礼いたします。ご報告申し上げたいことがございますが,ただ今お時間よろしいでしょうか。
　腕時計に似た形の携帯虫よけができたそうでございます。腕を振ると虫よけ剤がまかれる仕組みで，電池は不要とのことでございます。
　以上でございます。

課題 5　解答例
　失礼いたします。ご報告申し上げたいことがございますが,ただ今お時間よろしいでしょうか。
　センサーが人を検知して自動的に点灯する屋外型ライトができたとのことでございます。侵入者には防犯，家人には外灯の効果があるそうでございます。
　以上でございます。

課題 6
　花粉の侵入を防ぐ網戸ができた。網目の大きさが従来の約160分の1で，花粉を通さずに換気できるという。

課題 7
　デジタルカメラの写真から，自分だけのオリジナル写真集を作れるサービスができた。ギフト用にも人気だという。

課題 8
　履くだけで健康力がアップするサポートタイツができた。動くたびに肌をマッサージして脂肪燃焼効果を助けるという。

課題 9
　郵送で肥満遺伝子検査ができるキットができた。口の中の粘膜を採取して送るだけで，自分の体質が分かるという。

課題 10
　加湿機能を搭載した空気清浄機ができた。空気をきれいにするだけでなく，肌や喉を守ることもできるという。

課題 11
　風鈴の音や花火の光を再現する暑中見舞いカードができた。夏らしい雰囲気で，もらった人にも好評だという。

準1級

SECRETARY 08　面接

課題 6　解答例

　失礼いたします。ご報告申し上げたいことがございますが,ただ今お時間よろしいでしょうか。
　花粉の侵入を防ぐ網戸ができたとのことでございます。網目の大きさが従来の約160分の1で，花粉を通さずに換気できるそうでございます。
　以上でございます。

課題 7　解答例

　失礼いたします。ご報告申し上げたいことがございますが,ただ今お時間よろしいでしょうか。
　デジタルカメラの写真から，自分だけのオリジナル写真集を作れるサービスができたとのことでございます。ギフト用にも人気だそうでございます。
　以上でございます。

課題 8　解答例

　失礼いたします。ご報告申し上げたいことがございますが,ただ今お時間よろしいでしょうか。
　履くだけで健康力がアップするサポートタイツができたそうでございます。動くたびに肌をマッサージして脂肪燃焼効果を助けるそうでございます。
　以上でございます。

課題 9　解答例

　失礼いたします。ご報告申し上げたいことがございますが,ただ今お時間よろしいでしょうか。
　郵送で肥満遺伝子検査ができるキットができたそうでございます。口の中の粘膜を採取して送るだけで，自分の体質が分かるそうでございます。
　以上でございます。

課題 10　解答例

　失礼いたします。ご報告申し上げたいことがございますが,ただ今お時間よろしいでしょうか。
　加湿機能を搭載した空気清浄機ができたとのことでございます。空気をきれいにするだけでなく，肌や喉を守ることもできるとのことでございます。
　以上でございます。

課題 11　解答例

　失礼いたします。ご報告申し上げたいことがございますが,ただ今お時間よろしいでしょうか。
　風鈴の音や花火の光を再現する暑中見舞いカードができたとのことでございます。夏らしい雰囲気で，もらった人にも好評だそうでございます。
　以上でございます。

課題 12
　かかとの部分が直角の靴下ができた。かかとにフィットするため，ずれずに温かさも逃さないという。

課題 13
　ピアノに消音ユニットを取り付けるサービスができた。音を消してヘッドホンで演奏できるようになるという。

課題 14
　野球用の胸部保護パッドができた。ボールが胸に当たっても，不整脈による突然死を防げるという。

課題 15
　水をはじきやすいゴルフ向けレインウエアができた。防水性を高めつつも，通気口を設けむれにくくしたという。

課題 16
　火災を警報音と音声で知らせる火災報知機ができた。火災発生時に「火事です」と音声で警告するという。

課題 17
　コンタクトレンズ用の目薬ができた。従来品より添加物が少ないので，目の乾きや張り付き感が改善されるという。

SECRETARY 08　面接

課題 12　解答例

　失礼いたします。ご報告申し上げたいことがございますが,ただ今お時間よろしいでしょうか。
　かかとの部分が直角の靴下ができたとのことでございます。かかとにフィットするため,ずれずに温かさも逃さないそうでございます。
　以上でございます。

課題 13　解答例

　失礼いたします。ご報告申し上げたいことがございますが,ただ今お時間よろしいでしょうか。
　ピアノに消音ユニットを取り付けるサービスができたそうでございます。音を消してヘッドホンで演奏できるようになるそうでございます。
　以上でございます。

課題 14　解答例

　失礼いたします。ご報告申し上げたいことがございますが,ただ今お時間よろしいでしょうか。
　野球用の胸部保護パッドができたそうでございます。ボールが胸に当たっても,不整脈による,突然死を防ぐことができるとのことでございます。
　以上でございます。

課題 15　解答例

　失礼いたします。ご報告申し上げたいことがございますが,ただ今お時間よろしいでしょうか。
　水をはじきやすいゴルフ向けレインウエアができたそうでございます。防水性を高めつつも,通気口を設けむれにくくしたそうでございます。
　以上でございます。

課題 16　解答例

　失礼いたします。ご報告申し上げたいことがございますが,ただ今お時間よろしいでしょうか。
　火災を警報音と音声で知らせる火災報知機ができたとのことでございます。火災発生時に「火事です」と音声で警告するとのことでございます。
　以上でございます。

課題 17　解答例

　失礼いたします。ご報告申し上げたいことがございますが,ただ今お時間よろしいでしょうか。
　コンタクトレンズ用の目薬ができたそうでございます。従来品より添加物が少ないので,目の乾きや張り付き感が改善されるそうでございます。
　以上でございます。

EXERCISE 状況対応

パネルの指示に従って，対応しなさい。
（1人2課題）

課題 1

田中部長は，今，来客中だ。あと30分ほどで終わる予定だが，待ってもらえるか。 前傾姿勢で言う

課題 2

傘は，あそこの傘立てに置いてくれ。 傘立ての方向を示すしぐさをする

課題 3

名前を聞かせてもらえないか。 前傾姿勢で言う

課題 4

斎藤部長からは聞いていない。どんな用か。 前傾姿勢で言う

課題 5

この資料を，持っていってくれ。 渡すしぐさをする

課題 6

すまない。名前を忘れたので，教えてもらえないか。 前傾姿勢で言う

課題 7

待たせた。このコートで間違いないか。 コートを渡すしぐさをする

LECTURE　状況対応

課題 1　解答例

（部長の）田中は，ただ今来客中でございます。あと30分ほどで終わる予定でございますが，お待ちくださいますでしょうか。（前傾姿勢で言う）

課題 2　解答例

傘は，あちらの傘立てに置いてくださいませ。（傘立ての方向を示すしぐさをする）

課題 3　解答例

お名前をお聞かせくださいませんでしょうか。（前傾姿勢で言う）

課題 4　解答例

（部長の）斎藤からは聞いておりません。どのようなご用件でいらっしゃいますでしょうか。（前傾姿勢で言う）

課題 5　解答例

こちらの資料を，お持ちくださいませ。（渡すしぐさをする）

課題 6　解答例

申し訳ございません。お名前を失念いたしましたので，お教えいただけませんでしょうか。（前傾姿勢で言う）

課題 7　解答例

お待たせいたしました。こちらのコートでお間違いございませんでしょうか。（コートを渡すしぐさをする）

課題 ⑧

すまないが，自宅の電話番号は教えられないことになっている。了承してもらいたい。 前傾姿勢で言う

課題 ⑨

明日，もう一度来てもらえないか。無理を言ってすまない。 お辞儀をする

課題 ⑩

佐藤部長から，断るように言われている。帰ってもらえないか。
前傾姿勢で言う

課題 ⑪

あいにく田中部長は外出中だ。よければ，代理を呼んでくるが，どうするか。
前傾姿勢で言う

課題 ⑫

今日は忙しいところありがとう。今後ともよろしく。 お辞儀をする

課題 ⑬

そのことなら，受付の人に直接聞いてもらえないか。すまない。
お辞儀をする

課題 ⑭

どうぞ，あっちに座ってくれ。 方向を示すしぐさをする

課題 ⑮

先日は，斎藤部長が大変世話になった。ありがとう。 お辞儀をする

課題 8 解答例

　申し訳ございませんが，自宅の電話番号はお教えできないことになっております。ご了承くださいませ。（お辞儀をする）

課題 9 解答例

　明日,もう一度おいでいただけませんでしょうか。ご無理を申しまして申し訳ございません。（お辞儀をする）

課題 10 解答例

　（部長の）佐藤から，お断りするように申し付かっております。お引き取りいただけませんでしょうか。（前傾姿勢で言う）

課題 11 解答例

　あいにく（部長の）田中は外出中でございます。よろしければ，代理の者を呼んでまいりますが，いかがなさいますか。（前傾姿勢で言う）

課題 12 解答例

　本日はお忙しいところありがとうございます。今後ともよろしくお願いいたします。（お辞儀をする）

課題 13 解答例

　そのことでしたら,受付の者に直接お聞きいただけませんでしょうか。申し訳ございません。（お辞儀をする）

課題 14 解答例

　どうぞ，あちらにおかけくださいませ。（方向を示すしぐさをする）

課題 15 解答例

　先日は，（部長の）斎藤が大変お世話になりました。ありがとうございました。（お辞儀をする）

課題 16

高橋さんから連絡をもらっている。紹介状を預かる。
　受け取るしぐさをする

課題 17

雨の中来てもらってすまない。少し待ってもらえないか。
　前傾姿勢で言う

課題 18

承知した。田中部長が戻ったら，そのように伝える。
　前傾姿勢で言う

課題 19

会場は5階だ。エレベーターは，そこを真っすぐ行った左にある。
　方向を示すしぐさをする

課題 20

わたしは秘書の鈴木と言う。よろしく。　お辞儀をする

課題 16 解答例

高橋様からご連絡をいただいております。紹介状をお預かりいたします。（受け取るしぐさをする）

課題 17 解答例

お足元の悪い中，おいでいただきまして申し訳ございません。少々お待ちくださいませんでしょうか。（前傾姿勢で言う）

課題 18 解答例

承知いたしました。（部長の）田中が戻りましたら，そのように申し伝えます。（前傾姿勢で言う）

課題 19 解答例

会場は5階でございます。エレベーターは，そちらを真っすぐ行かれた左手にございます。（方向を示すしぐさをする）

課題 20 解答例

わたくしは秘書の鈴木と申します。よろしくお願いいたします。（お辞儀をする）

6 面接本試験課題 ——実際に出題された課題です——

試験会場により問題は異なります。

EXERCISE　　　　　　　　　　あいさつ

あいさつをしなさい。

EXERCISE　　　　　　　　　　報　告

次の内容を2分間で覚え，秘書が上司に話す言葉で報告しなさい。
（1人1課題）

課題 A

　レコードをレーザーで再生する技術が開発された。古いレコードが，針を使わず，できたときの音で聞けるという。

課題 B

　取っ手を握ると指に光が当たり，静脈（じょうみゃく）で識別（しきべつ）して，開くドアができた。キーの持ち歩きがなくて便利だという。

課題 C

　かんきつ系の香りで煙の少ない線香ができた。食事のとき，近くの仏壇に上げても気にならないという。

SECRETARY 08　面接

LECTURE　　あいさつ

解答例　面接番号○○○番，（氏名）と申します。よろしくお願いいたします。

LECTURE　　報　告

課題 A　解答例

　失礼いたします。ご報告申し上げたいことがございますが，ただ今お時間よろしいでしょうか。
　レコードをレーザーで再生する技術が開発されたそうでございます。古いレコードが，針を使わず，できたときの音で聞けるとのことでございます。
　以上でございます。

課題 B　解答例

　失礼いたします。ご報告申し上げたいことがございますが，ただ今お時間よろしいでしょうか。
　取っ手を握ると指に光が当たり，静脈で識別して，開くドアができたそうでございます。キーを持ち歩かなくてもすむので，便利だとのことでございます。
　以上でございます。

課題 C　解答例

　失礼いたします。ご報告申し上げたいことがございますが，ただ今お時間よろしいでしょうか。
　かんきつ系の香りで煙の少ない線香ができたとのことでございます。食事のとき，近くの仏壇に上げても気にならないとのことでございます。
　以上でございます。

EXERCISE　　　　　　　　　　状況対応

パネルの指示に従って，対応しなさい。
（1人2課題）

課題 A 1

わたしでよければ，伝言を聞こうか。 お辞儀をする

課題 A 2

いらっしゃい。 お辞儀をする
いつも世話になっている。

課題 B 1

鈴木課長が代わりに用件を聞くと言っているが，よいか。
前傾姿勢で言う

課題 B 2

ここに座って待ってもらえないか。 前傾姿勢で言う

課題 C 1

雨が降ってきたが，車を呼ぼうか。 前傾姿勢で言う

課題 C 2

20分ほどしか，会えないと思うが，それでもいいか。
前傾姿勢で言う

SECRETARY 08　面接

LECTURE　　　　　　　　状況対応

課題 A 1 解答例

わたくしでよろしければ，ご伝言を承りましょうか。（前傾姿勢で言う）

課題 A 2 解答例

いらっしゃいませ。（お辞儀をする）いつもお世話になっております。

課題 B 1 解答例

（課長の）鈴木が代わりにご用件を伺うと申しておりますが，よろしいでしょうか。（前傾姿勢で言う）

課題 B 2 解答例

こちらにお座り（おかけ）になってお待ちくださいませんでしょうか。（前傾姿勢で言う）

課題 C 1 解答例

雨が降ってまいりましたが，お車をお呼びいたしましょうか。（前傾姿勢で言う）

課題 C 2 解答例

20分ほどしか，お目にかかれないと存じますが，それでもよろしいでしょうか。（前傾姿勢で言う）

（準1級　以上）

1級 09

SECRETARY

必要とされる資質

理論編

各問いの『解答・解答例』は、印刷の濃さを薄くし、
目に入ることで考える妨げにならないよう配慮してあります。

EXERCISE 必要とされる資質

1 Aは課内の勉強会で後輩の秘書たちに,「気を利かせた仕事の仕方とはどういうものか」を教えることになった。このような場合,Aはどのようなことを言えばよいか。箇条書きで三つ答えなさい。
記述

2 秘書Aの後輩BとCは気が合わないらしく,必要なとき以外はほとんど口を利かない。この二人の関係に周囲の者が気を使うなど,仕事上で支障を来たすこともある。そこでAは二人に注意することにしたが,この場合どのようなことを言えばよいか。箇条書きで三つ答えなさい。
記述

3 秘書Aは新しく付いた上司から,「急がないから整理しておいてもらいたい」と,資料が入った封筒を渡された。Aは,資料の枚数が多く時間がかかることから手の空いたときと思っていたので,上司から「整理はもう済んだか」と聞かれたとき,「まだですが…」と答えた。ところが上司から不快そうな顔をされた。Aが,今後このようなことを繰り返さないためには,どうすればよいか。箇条書きで三つ答えなさい。
記述

SECRETARY 09　必要とされる資質

LECTURE

1 記述解答例
1. 日常的な仕事は,上司が気を煩わさなくても済むように,指示に先だって行うようにする。
2. 指示されて仕事をしたとき,それに付随する必要なことは指示がなくても行うようにする。
3. 時期的に予想される定期的な仕事は,自分から申し出てするようにする。
4. 上司の言動から何を求めているかを察し,それに対して適切な対応をするようにする。

「解説」
気が利くとは,気配りが細かいこと,上司が望んでいそうなことを察知して,言われる前にそれをすることである。これを仕事に当てはめて答えればよい。

2 記述解答例
1. 仕事は自分一人でできることではないので,人の好き嫌いを抜きにしてしないといけない。
2. 人に対して好き嫌いの感情を持つのはやむを得ないが,職場でそれが分かるような態度を取るのはよくない。
3. BとCの人間関係の悪さは,職場の雰囲気にも悪影響を与える。
4. 職場では,自分と合わないと思われる人とも付き合う努力が必要。

「解説」
会社では仕事を個々人がしてはいるが,それがまとまって会社としての仕事になる。従って,個々人の好き嫌いは抑えないと仕事は成り立たない。といった観点から答えが出ればよい。

3 記述解答例
1. 今後は「急がない」と言われても,一応の期限を聞いておくか,Aなりの期限を言って,それでよいか確認しておく。
2. 新しい上司の仕事の指示の仕方の癖をつかむように努める。
3. 時間がかかりそうな仕事のときは,早めに取りかかり,途中で進捗状況を報告するようにする。
4. 仕事を指示されたとき,指示されたことの重要度,急ぎ具合を上司に尋ねるようにする。

「解説」
急がないと言われたから急がずにいたが,まだできていないと答えたら不快そうな顔をされたのである。急がないと言ったのだから急がないものであろうし,できたかと聞いたことにも大した意味はないかもしれない。が,上司の仕事の仕方にはこのように癖がある。と,このようなことを踏まえた観点からの答えが出ればよい。

❹ 秘書課の主任Aは課長から,「今度配属になったBは,秘書向きではないと思うが君はどう思うか」と尋ねられた。Bは配属からまだ日が浅くAはそれほどとも思っていなかった。このような場合,課長に気付いていなかったことをわびてから,課長とBにどのように対応すればよいか。順を追って箇条書きで四つ答えなさい。

記述

❺ Aのいる秘書課に,他部署からDが異動してきて1カ月がたつ。快活で物おじしない性格が認められての異動なので上司の受けはよいが,反面,課員の間では評判が悪い。このように,上司の受けがよいのに課員に評判が悪い理由について,考えられる一般的な理由を箇条書きで三つ答えなさい。

記述

SECRETARY 09　必要とされる資質

4 記述解答例
1. 課長に，Bのどのようなところが秘書向きでないと思われるのか尋ねる。
2. 課長の言う，Bの秘書向きでないところについて，Aの感じていることを話す。
3. 課長に，指摘のあったところは指導すると言う。
4. Bに，課長から指摘されたことについて話し，Bがどのように思っているか確かめる。
5. Bの自覚によって改善できそうならBに努力してもらうことにし，そのことを課長に伝え，以後自分も注意していくと言う。
6. Bが秘書向きでないことを自覚しているなら，課長にそのことを報告する。

「解説」
Bを，課長は秘書向きとは思わない，Aはそれほどでもないと思っているということである。従って課長に，どこをそう思うかを尋ねてAは自分の思うところを話すということになる。いずれにしても指導は必要だがBに自覚してもらうことが必要である。

5 記述解答例
1. 秘書課では新人であるのに，物おじしない性格が課員の受けがよくないのではないか。
2. 上司に受けがよいので，自分の方から課員と打ち解ける努力をしていないのではないか。
3. 上司に認められているということで，課員にやっかみがあるのではないか。
4. 他部署からの異動ということもあり，身だしなみや振る舞いなどについて，秘書課の雰囲気となじまない部分があるのではないか。（秘書的でない・周りと合わせようとしないなど）。

「解説」
物おじしないとは，何事も怖がらない反面，周囲の人を意識しない，生意気ということである。新参なのにこのような態度では課員の受けがよいはずはない，という観点から答えが出ればよい。

必要とされる資質

6 秘書Aの上司（部長）は，昨日工場で発生した火災事故の対策委員長になり，対策会議に追われている。Aも委員長補佐として待機しているように指示されている。そのような折Aの家族から，家族の一人が急病で入院したと連絡があった。このような場合Aはどのように対処すればよいか。順を追って箇条書きで答えなさい。
記述

7 秘書Aが外線電話を取ると，取引先のK部長だった。上司(高橋)は会議中だったのでそのことを伝えると，「先日の返事を待っているのだが，何か，言っていなかったか」と言う。Aは，上司が「困ったなあ」と言って，頼まれたことを断りたいのだがと聞かされている。このような場合Aは，どのように言えばよいか。その言葉を答えなさい。
記述

8 秘書Aは上司から，「新人Bの仕事は速いが雑なので，注意しておくように」と言われた。このような場合Aは，Bにどのようなことを言えばよいか。箇条書きで三つ答えなさい。
記述

SECRETARY 09　必要とされる資質

6 記述解答例
1. 重症であれば，その旨を上司または課長に告げ，すぐに病院に行く。
2. a. 一刻を争う症状でなければ，連絡してきた家族に現在の自分の状況を説明し，仕事が一段落してから病院に行くと言う。
   b. 課長に報告し，急ぎの用件は済ませ，他の適当な人に代わってもらってから病院に行く。
3. 病院に行き家族の症状が落ち着いているようであれば会社に連絡し必要であれば帰社する。

「解説」
家族の急病で入院の知らせがあったということである。一方で，職場から離れられない仕事を抱えている。どのようにするかだが，一般的には，病状により家族優先で仕事もすることになる。

7 記述解答例
（大変）申し訳ございませんが，私は何も聞いておりませんので，高橋が戻りましたら，K部長様がご返事をお待ちになっていると申し伝えます。

「解説」
相手の催促は断りたいことについての返事である。上司は困ったなあと言っているが，秘書としてはそのことを話したり，ほのめかしたりすることを言ってはいけないし，言う立場でもない。ここは，Aは知らないことにして，上司に伝えておくというのがよいということになる。

8 記述解答例
1. 仕事には，速くするより時間がかかっても丁寧に行った方がよいものがある。何でも速くすればよいということはない。
2. Bの仕事の仕方には雑なところがあると言われているから，仕事を丁寧に行うとはどういうことかを知るようにしないといけない。
3. 仕事を丁寧に行うとは，隅々まで注意や配慮が行き届いていて，抜けていたりするようなことがないこと。
4. 雑ということには動作が荒っぽいということもあるから，態度や振る舞いにも気を使うこと。

「解説」
Bは，仕事は雑でも速い方がよいと思っているのであろうから，仕事はそのようなものばかりではないということを教えることになる。また，雑にではなく丁寧にというのだから，丁寧とはどういうことについても教えないといけない。これらのことが答えになる。

SECRETARY

1級 10
職務知識

理論編

各問いの『解答・解答例』は、印刷の濃さを薄くし、目に入ることで考える妨げにならないよう配慮してあります。

EXERCISE　　　　　　　職務知識

9 秘書Aの上司（経理担当常務）のところに，取引銀行の支店長が新任のあいさつに来た。上司は在室していたので支店長を応接室に通し，上司に取り次ごうとしたところ，上司は席にいない。心当りの所を捜したが見当たらない。慌てて経理部長に代わってもらおうと連絡すると，経理課長から部長は外出していると言われた。このような場合Aは，どのように対処すればよいか。順を追って箇条書きで答えなさい。

記述

10 秘書Aの上司（部長）が取締役に就任することになった。これによって上司は取引先に就任を知らせることになるが，Aはその準備をどのようにすればよいか。箇条書きで三つ答えなさい。

記述

11 指示されたことをしていて分からないことがあったとき，指示した人に確認するのは仕事の仕方の基本である。では，確認するときどのような配慮が必要か。箇条書きで三つ答えなさい。

記述

LECTURE

9 記述解答例
1. 経理課長に事情を話し，自席で待機してもらっておく。
2. 支店長に，常務は急用で席を外しており，経理部長も外出していると言って丁寧にわびる。
3. 支店長に，代わりの者として経理課長でよいかを尋ねる。
4. 支店長がよいと言えば，経理課長に応接室に来てもらう。
5. 支店長が出直すと言えば，来社するおおよその日にちを聞いておく。

「解説」
相手は取引銀行支店長だから，しかるべき人に会ってもらうことになる。この場合上司（常務）も部長も不在なので課長に待機してもらうことになる。その上で支店長に課長でよいか尋ね，よいと言えばそのように，出直すと言えばそのようにということになる。

10 記述解答例
1. あいさつに出向く，またはあいさつ状を出す取引先などについて確認し，リストを作る。
2. あいさつ状の原案を作り，上司に確認してもらい，印刷発送の手配をする。
3. 名刺の印刷案を作り，上司に確認してもらって手配する。
4. あいさつに出向くスケジュールを作り，同行者を決めてもらって，スケジュールの連絡をする。
5. 出向く先への移動手段の手配をする。

「解説」
取引先に取締役就任を知らせるというのだから，方法としてはあいさつになる。そのあいさつに出向くについての必要なことと，あいさつ状手配についての必要なことが答えになる。

11 記述解答例
1. 緊急・重要なときを除いて，相手の忙しそうなときや外出・会議などの前後，などは避ける。
2. 時間を要しないように，確認事項を要領よくまとめておく。
3. 資料などに基づく仕事であれば，資料をすぐ提示できるようにしておく。
4. 確認により，進め方に変更が想定される場合は，それによる影響も説明できるようにしておく。

「解説」
分からないことを確認するなどで，相手から労力と時間をもらうのである。従って，なるべく相手の負担にならないような時間，仕方をするのがよいことになる。ということについて答えればよい。

12 秘書Aの上司はY支店に出張中で，出社は3日後の予定である。そのような折，上司が理事をしている業界団体の事務局から，明後日緊急の理事会を開くことになったとの連絡があった。Aが，上司は今出張中で出社は3日後と伝えると，時間は上司に合わせるので何とかならないかと言う。上司は携帯電話を持っていない。このような場合Aは，どのように対処すればよいか。順を追って箇条書きで答えなさい。

記述

13 秘書Aは上司（営業本部長）の出張中，取引先R社から「取引上のことで本部長と直接話がしたい」という苦情の電話を受けた。上司は今日は戻ってこないが，R社の担当者は在席している。このような場合Aは，上司は出張中で今日は戻ってこないことを伝え，丁寧にわび，自分は本部長秘書だと名乗ってから，この電話にどのように対応するのがよいか。順を追って箇条書きで答えなさい。

記述

SECRETARY 10　職務知識

12 記述 解答例

1. 事務局から理事会のおおよその内容を聞き，返事は，上司と連絡が取れ次第できるだけ早くすると言う。
2. Y支店または宿泊先に，A宛てに連絡をしてくれるようにというメッセージを入れておく。
3. 上司と連絡が取れたら，業界団体事務局からの理事会の件を伝え，上司の意向を確認する。
4. 都合が付けられなくて理事会に出席できないときは，上司から直接連絡を入れてもらえるのか，Aが代理で連絡を入れるのか指示を得る。
5. 出張を切り上げて理事会に出席するとのことなら，時間を調整して都合のよい時刻を業界団体事務局へ知らせる。
6. 出張を切り上げるということなら，宿泊先のキャンセル，その他必要なことを上司に確認の上，行う。

「解説」
順を追って箇条書きで書いていくのだから，まず，事務局に理事会の内容を聞くことから始まる。次に上司に連絡することになるが，上司とどのように連絡を取るか，理事会に出席する場合，欠席する場合の対応，事務局への報告などが答えになる。

13 記述 解答例

1. 差し支えなければ，担当者は在席しているので代わりに用件を伺わせてもらうか，本部長秘書の自分が用件を聞き上司に伝えるが，どのようにするかと尋ねる。
2. 担当者でよいということであれば，担当者に電話を替わってもらう。秘書でよいということであれば用件を聞く。
3. 上司と直接ということであれば，出張中の上司と連絡が取れれば上司から電話をさせてもらうと言い，相手の連絡の取れる時間帯と念のため電話番号を聞いておく。
4. 上司と連絡が取れなかったら，出張から戻り次第こちらから連絡をさせてもらいたいと言う。

「解説」
上司は出張中なのだから，このような場合はまず，担当者で用が足りるか自分が上司に伝えるかを尋ねることになり，それに従っての対応になる。上司に直接ということなら，それに対応ということになる。

SECRETARY

1級 11
一般知識

理論編

各問いの『解答・解答例』は，印刷の濃さを薄くし，目に入ることで考える妨げにならないよう配慮してあります。

EXERCISE 一般知識

14 次のそれぞれの説明は，何のことを述べているか。例に倣って漢字で□□内に答えなさい。

記述

（例）定年まで同一企業で働くこと
= | 終 | 身 | 雇 | 用 |

1) 会社などの組織や業務についての，基本的な規則のこと。
= □□

2) 従業員の規律や労働条件などを，使用者が定めた規則のこと。
= □□□□

3) 会社などが給料以外で，従業員の健康維持や生活向上のために行うこと。
= □□□□

4) 企業などが，その人の処遇に反映させるために，従業員の業績や能力を評価すること。
= □□□□

15 次の用語を簡単に説明しなさい。

記述

1) 融資

2) 背任

3) 定款

4) ニッチビジネス

5) ペーパーカンパニー

LECTURE

14 記述 解答例
1) 定款
2) 就業規則
3) 福利厚生
4) 人事考課

15 記述 解答例
1) 銀行などが，資金を求めている人や組織に資金を貸し出すこと。
2) 自分の地位を悪用して，会社などに損害を与えること。（任務に背くこと）
3) 会社などの組織や業務についての，基本的な規則のこと。
4) 隙間産業。マーケットの中で誰も目に付けていないか，あまり開発されていない部分に，新製品や独自の工夫で進出する産業のこと。
5) 法人登記だけしてあって，実質的には何もしていない会社のこと。

16 次は，略称とその省略されていない用語との組み合わせである。中から不適当と思われるものを選び，その番号を（　　）内に答えなさい（複数の場合は番号の若いものから順に書くこと）。

1. EU　　＝　欧州連合
2. IMF　＝　国際通貨基金
3. ODA　＝　政府開発援助
4. PKO　＝　国連平和維持活動
5. TPP　＝　アジア太平洋経済協力
6. WHO　＝　世界貿易機関
7. OECD＝　経済協力開発機構
8. OPEC＝　石油輸出国機構

（　　　　　　　　　　　　）

17 次のそれぞれの説明は，何のことを述べているか。適切な用語を漢字で（　　）内に答えなさい。

記述

1) 利益の操作を行って，決算の実態を正確に示さないこと。
　　　　　（　　　　　　　　　　　　）
2) 個人の税金を計算するとき，所得から差し引ける一定の金額のこと。
　　　　　（　　　　　　　　　　　　）
3) 従業員の規律や労働条件などを，使用者が定めた規則のこと。
　　　　　（　　　　　　　　　　　　）
4) 企業などが，その人の処遇に反映させるために，従業員の業績や能力を評価すること。
　　　　　（　　　　　　　　　　　　）

16 解答　5・6

「解説」
5.「TPP」は環太平洋連携協定のこと。アジア太平洋経済協力はAPECである。
6.「WHO」は世界保健機関のこと。世界貿易機関はWTOである。

17 記述解答例

1) 粉飾決算
2) 基礎控除
3) 就業規則
4) 人事考課

1級 12 マナー・接遇

SECRETARY

実技編

各問いの『解答・解答例』は、印刷の濃さを薄くし、目に入ることで考える妨げにならないよう配慮してあります。

EXERCISE　　　　　　マナー・接遇

18 秘書Aの上司は時間を気にしない人なので，Aは困ることがある。今も取引先と面談しているが，予定時間を過ぎても終わらない。そこへこの時間に面談予約をしていたK氏が訪れた。少し待ってもらいたいと言うと，不快そうな顔をされた。K氏には前回も待ってもらった。このようなことについて，①この場の対応と，②今後の上司への対応について，それぞれ箇条書きで二つずつ答えなさい。

記述

①この場の対応

②今後の上司への対応

19 次の言葉の下線部分を，来客に言う丁寧な言葉に直して，それぞれ二つずつ答えなさい。

記述

「そのように<u>言われても</u>　本日は中村は<u>会うことができません</u>。
　　　　　　　ａ　　　　　　　　　　　　　ｂ
代わりの者が　お話を<u>聞くか</u>，<u>よかったら</u>　後日　<u>電話をすると</u>　申しておりますが」
　　　　　　　　　ｃ　　　　　ｄ　　　　　　　　　ｅ

a（　　　　　　　　　）（　　　　　　　　　　　）
b（　　　　　　　　　）（　　　　　　　　　　　）
c（　　　　　　　　　）（　　　　　　　　　　　）
d（　　　　　　　　　）（　　　　　　　　　　　）
e（　　　　　　　　　）（　　　　　　　　　　　）

20 秘書Aは上司から，「詳しいことは分からないが，取引先のM部長が入院したそうだ。面会はできるとのことなので近日中に見舞いに行きたい。準備を頼む」と言われた。このような場合Aが行うべきことを，順を追って箇条書きで答えなさい。

記述

SECRETARY 12　マナー・接遇

LECTURE

18 記述解答例
① 1. K氏に今回も待ってもらうことをわび，すぐ上司にK氏来訪のことを伝えると言う。
2. 上司にメモでK氏来訪を伝えるとき，前回も待ってもらったことを書き添える。
② 1. 今までの面談スケジュールの組み方について，時間などに問題があるかと尋ねる。
2. 会議や面談などの後に次の予定があるときは，その都度，時間の念を押したりメモを渡したりする。

「解説」
予約客にはすぐに取り次ぐのが基本である。K氏には2回も続けて待ってもらうことになってしまったのだから，それに対するおわびの仕方と面談中の上司へのメモの書き方が，この場の応対として必要なこととなる。また，時間を気にしない上司のスケジュールの組み方や，当日の確認などが今後の対応となる。この辺りのことが答えられていればよい。

19 記述解答例
a 言われましても・おっしゃいましても
b お会いいたしかねます・お目にかかることができかねます
c 承るか・伺うか
d よろしければ・お差し支えなければ
e お電話を差し上げる・ご連絡を差し上げる

20 記述解答例
1. M部長の秘書に電話で，上司が見舞いに行きたいと言っていることを伝え，次のことを確認する。
   a 入院している病院名と所在地，面会時間（M氏と面会のできる時間），面会の際の注意事項（見舞品など）
   b 容体
2. 上司に，見舞いに行く日時を尋ね，スケジュールの調整を行う。
3. 上司に，見舞いの品について予算や希望の品などを尋ね，見舞いに行くときまでに用意する。
4. M部長の秘書に，上司が見舞いに行く日時を知らせる。

「解説」
上司が見舞いに行くについての準備だから，上司が行くについてしなければならない必要なことを挙げれば答えになる。

㉑ 秘書Aの上司（部長）のところへ，知人のK氏が時間通りに来訪した。上司は，近くの行きつけのレストランに取引先の部長と昼食に出かけたまま，まだ戻っていない。そこへ専務から，「部長に直接確認したいことがあるので来てもらいたい」と連絡があった。上司の携帯電話は上司の机上に置かれたままである。このことにAはどのように対応すればよいか。順を追って箇条書きで答えなさい。

記述

㉒ 秘書は後々の参考のため，上司が関係した弔事とそれへの対処の記録を残しておくのがよい。その場合，記録しておいた方がよいことには何があるか。「逝去者名」「逝去者の会社名・役職名」「逝去日・（分かれば）死因」以外に，箇条書きで五つ答えなさい。

記述

㉓ 秘書Aは得意客と商談のため外出中の上司（山田部長）から，次のような電話を受けた。「商談の相手が話好きで予定の時間を過ぎてしまい，これから戻る。W氏（予約客）来訪の時刻には15分ほど遅れるが待ってもらって，先にパンフレットを見ておいてもらうように」ということである。このような場合，来訪したW氏にどのように言うのがよいか。その言葉を答えなさい。

記述

マナー・接遇

SECRETARY 12　マナー・接遇

21 記述解答例
1. K氏に，外出から戻るのが遅れているとわび，間もなく戻るのでと言って待ってもらう。
2. 専務に，上司の外出が長引いていることと来客があることを言い，急ぎかどうかを尋ねる。
   ①急ぐなら，上司に伝えると言う。
   ②急がないなら，いつまでに行けばよいかを尋ねておく。
3. 上司が行っているレストランに電話をして，上司がまだいたら電話口まで呼んでもらう。
4. 上司に，予約客が来訪したことと，2. の①または②について伝える。
5. 4. により上司から指示があれば，それに従って対処する。

「解説」
K氏は予約客なので，この場合待ってもらうことになる。また専務には，上司はすぐには行けないのだからそれを伝え，急ぎかどうかを確認しておくことになる。その上で上司に連絡をして，今の状況を伝えることになる。

22 記述解答例
1. 葬式の日程と場所
2. 葬式の形式
3. 喪主と故人との関係
4. 香典の金額・供物や供花について
5. 弔電について（文面と台紙の種類）
6. 上司参列の有無
7. 上司との関係
8. 社内での参列者の有無

23 記述解答例
大変申し訳ございません。山田は外出先での予定が長引いておりまして戻りますのが遅れておりますが，あと15分ほどで戻る予定でございます。山田から，W様にお待ちいただき，先にパンフレットをご覧いただいておくようにと申し付かっておりますが，お待ちくださいますでしょうか。
（お待ちいただけますでしょうか・お待ち願えませんでしょうか）

「解説」
このような場合戻りが遅くなっても，遅くなった理由をそのまま言う必要はない。この場合は「出先での予定が長引いた」と言えばよいことである。従ってまずわび，遅れる事情とどのくらい遅れるかを言って，上司から言われたことをW氏に伝えればよいということである。

24 秘書Aは後輩Bから「立食パーティーでのマナー」を教えてもらいたいと言われた。初めて出席することになったが，分からないのだという。このような場合AはBに，どのようなことを言うのがよいか。箇条書きで四つ答えなさい。
記述

25 次の場合の上書きは何と書けばよいか。「御寄付」以外に（　　　）内に漢字で一つずつ答えなさい。
記述

1) 取引先の社員旅行に現金を寄付するとき
　　　　（　　　　　　　　　　　）
2) 地域の祭礼で神社に現金を寄付するとき
　　　　（　　　　　　　　　　　）
3) 会社創立者の法要を行う寺へ現金を寄付するとき
　　　　（　　　　　　　　　　　）

26 秘書Aは受付を担当することになった後輩に，上司を訪ねてきた来客の名刺の受け取り方を教えることになった。このような場合，何を教えればよいか。具体的に箇条書きで四つ答えなさい。
記述

27 部長秘書Aが電話を取ると取引先のW氏からで，「部長（高橋）に急いで相談したいことがあり，今そちらに向かっている。11時ごろに着く」とだけ言って切れてしまった。その後AがW氏の携帯電話に連絡をしたが通じない。Aがこのことを上司に伝えると，来訪したらすぐに取り次ぐことと，この後出張の予定があるので20分ほどしか時間が取れないことを伝えるようにと指示された。このような場合Aは，予定時間に来社したW氏に何と言えばよいか。その言葉を答えなさい。
記述

マナー・接遇

SECRETARY 12　マナー・接遇

24 記述解答例
1. できるだけ多くの人と歓談する。
2. 料理は食べられる分だけ取るようにし，食べ残しはしない。
3. 会場内に持って入るのは小さなバッグ程度にし，他の物はクロークに預ける。
4. 途中で退場するときは，黙って帰ってよい。
5. 飲食物を取ったらそのテーブルから離れて飲食し，壁際の椅子に座っての飲食はしないようにする。
6. 食べ終わった皿はサイドテーブルに置くか係に渡し，次に料理を取るときは新しい皿を使う。

25 記述解答例
1）御酒肴料　　2）御奉納・御寄進　　3）志納金

26 記述解答例
1. 両手で（片手を添えて）受け取るが，そのとき文字を指で押さえないように気を付ける。
2. 受け取るときの手の位置（高さ）は胸のあたりにする。
3. 「お預かりいたします」と言って受け取る。
4. 会社名，名前を読んで相手に確認する。
5. 読めない字は「お名前は何とお読みするのでしょうか」と尋ねて確認する。

「解説」
この場合は，上司を訪ねてきた来客の名刺の受け取り方だが，教える内容としては一般的なことでよく，それが答えになる。が，特徴的なことに「お預かりいたします」があり，それが必要ということである。

27 記述解答例
すぐにお取り次ぎいたしますが，高橋は間もなく出張することになっております。誠に申し訳ございません。20分ほどしかお目にかかれないと存じますが，ご了承くださいませんでしょうか。

「解説」
上司からの指示は，①来訪したらすぐに取り次ぐように，②面談時間は20分しか取れないことを伝えるように，である。従ってW氏に対しては，すぐに取り次ぐことを伝えることと，面談時間について理由とともに話して承知してもらうことが必要ということになる。これらのことを秘書として丁寧な言葉で答えることになる。

28 次の場合の上書きは何と書けばよいか。「御祝」以外で漢字で二つずつ答えなさい。

■記述

1) 結婚する人へのお祝い
　　（　　　　　　　　）　（　　　　　　　　　　　）

2) ビルが完成した会社へのお祝い
　　（　　　　　　　　）　（　　　　　　　　　　　）

3) 独立して事務所を開いた人へのお祝い
　　（　　　　　　　　）　（　　　　　　　　　　　）

29 部長秘書Aが，上司の使いでR社の中村氏を訪問したところ，その用事とは関係なく，中村氏から「おたくの部署に電話をかけると，スムーズに用件が伝わらなくて困る」と苦情を言われた。Aは担当が違うが，このような場合どのように対応すればよいか。順を追って箇条書きで答えなさい。

■記述

30 中村真美は，ＸＹ物産（株）斉藤部長の秘書である。電話で次のような場合，中村はどのように言うのがよいか。適切な言葉を答えなさい。

■記述

1) 課長に，「今日の夕方，課長と打ち合わせをしたいが都合はどうか」という部長からの伝言を伝えるとき

2) Ｙ支店に，急いで伝えたいことがあるので支店長と面談している上司を電話口まで呼んでもらいたいと言うとき

3) 面談予定の取引先の部長秘書に，「上司は今そちらに向かっているが，電車が遅れているので行くのが１０分ほど遅れる予定だ。すまないが待っていてもらえないか」と言うとき

SECRETARY 12　マナー・接遇

28 記述解答例
1) 寿・祝御結婚（御結婚御祝・結婚御祝）
2) 竣工御祝・落成御祝
3) 開業御祝・創業御祝・開所御祝

29 記述解答例
1. 中村氏に、担当は違うがAの部署のこととしてわびる。
2. 中村氏に、戻ってから担当者に伝えることを言い、用件が伝わらなかったときのことを具体的に聞いておく。
3. 戻って担当者に中村氏のことを話し、事情を確かめる。
4. 上司にこのことを報告する。

「解説」
苦情は，Aの会社（部署）のことに対してである。従ってAとしては，自分のこととして中村氏に対応し，帰社したら対応しないといけないことになる。これらのことについて答えられればよい。

30 記述解答例
1) 中村です。部長が本日の夕方，課長と打ち合わせをなさりたいとのことですが，ご都合はいかがでしょうか。
2) 斉藤部長秘書の中村でございます。恐れ入りますが，急いで伝えたいことがございますので，支店長と面談中の部長（斉藤）を電話口までお呼びいただけませんでしょうか。
3) XY物産の斉藤の秘書の中村と申します。斉藤はただ今そちら様に向かっておりますが，電車の遅れにより，伺いますのが10分ほど遅れる予定でございます。大変申し訳ございませんが，お待ちいただけ（ください）ませんでしょうか。

「解説」
相手や状況によって名乗り方が変わるので，注意が必要である。

31 秘書Aは新人Bから質問を受けた。「話すとき相手に好感を持たれるように話すには，一般的にはどのようなことに気を付ければよいか」ということである。このような場合Aは，Bにどのようなことを言えばよいか。箇条書きで四つ答えなさい。

記述

32 次の用語の，読み方を（　　　）内に平仮名で書き，簡単に説明しなさい。

記述

1) 賀寿　　（　　　　　　　）
2) 吉日　　（　　　　　　　）
3) 享年　　（　　　　　　　）
4) 仏滅　　（　　　　　　　）

33 次の言葉の下線部分を，取引先に言う丁寧な言葉に直して，それぞれ二つずつ答えなさい。

記述

1)「もし　暇なら　中村（上司）が　訪ねたい　と申しておりますが」
　　　　　　a　　　　　　　　　　　b

　　a（　　　　　　　　　　　　　）
　　　（　　　　　　　　　　　　　）
　　b（　　　　　　　　　　　　　）
　　　（　　　　　　　　　　　　　）

2)「中村（部長）は　忙しいので　よかったら　ご伝言を　聞こうか」
　　　　　　　　　　a　　　　　b　　　　　　　　　c

　　a（　　　　　　　　　　　　　）
　　　（　　　　　　　　　　　　　）
　　b（　　　　　　　　　　　　　）
　　　（　　　　　　　　　　　　　）
　　c（　　　　　　　　　　　　　）
　　　（　　　　　　　　　　　　　）

1級

SECRETARY 12　マナー・接遇

31 記述 解答例
1. （話題にもよるが）明るい雰囲気で話す。
2. 相手と話題を合わせるようにする。
3. 相手の自尊心を傷つけるような話し方をしない。
4. 回りくどい話し方をしない。
5. 相手の話を否定するような話し方をしない。
6. 自分だけ話をするようなことをしない。
7. 相手によって敬語などに気を付ける。

32 記述 解答例
1) がじゅ　　　長寿を祝うこと。
2) きちじつ　　物事をするのによいとされる日のこと。
3) きょうねん　死亡したときの年齢のこと。
4) ぶつめつ　　六曜の一つで，縁起が悪いとされる日のこと。

33 記述 解答例
1) a　お時間がおありでしたら・お手隙でしたら
　　b　お邪魔したい・伺いたい・お目にかかりたい・お訪ねしたい
2) a　手が離せませんので・仕事が立て込んでおりますので
　　b　よろしければ・お差し支えなければ
　　c　承りましょうか・伺いましょうか

34 秘書Aは他部署のCから相談を受けた。Cの下に配属されている新人Bに指示した仕事が，なかなか進まない。催促すると忙しいなどの理由は言うが，できないとも言わない。なぜだろうかということと，どのようにすればよいかということである。このような場合Aは，Cにどのようなことをアドバイスすればよいと思うか。箇条書きで三つ答えなさい。

記述

35 秘書Aの会社の社屋が建て替えられることになった。そのような折Aは後輩から，これから行われる建築に関する儀式について，教えてもらいたいと言われた。次はAが教えたことである。中から不適当と思われるものを一つ選び，その番号を（　）内に答えなさい。

1. 落成式　　　＝　建て替える古い建物を取り壊すときに行う，一連の儀式。
2. 地鎮祭　　　＝　建物を建てる土地に，その土地の神を祭って工事の平安を祈る儀式。
3. 玉串奉奠（たまぐしほうてん）　＝　地鎮祭などの儀式で工事の平安を祈るとき，神前に榊（さかき）を供えること。
4. 上棟式　　　＝　建物の骨組みができて，その上に棟木（むなぎ）または梁（はり）を上げることを祝う儀式。
5. 鍬入れ（くわ）　＝　地鎮祭（起工式）のとき，その場所に砂を盛り，その砂に木製の鍬を入れて祝うこと。

（　　　　　）

36 秘書Aは新人Bの立ち居振る舞いが雑なので，丁寧にするように指導することにした。このような場合，次のそれぞれをどのように指導すればよいか。ポイントを簡単に答えなさい。

記述

① 上司や来客の前で話をするときの姿勢の在り方（理想的な形）

② 上司や来客の前できれいなお辞儀をするときの姿勢

SECRETARY 12　マナー・接遇

34 記述 解答例
1. Bが本当に忙しく時間的に無理なのに，仕事を頼んだのではないか。
2. 仕事がなかなか進まないのだから，Bには手に負えない仕事を頼んだのではないか。
3. Bが，指示されたときはできるつもりでいて，始めてから手に負えないことが分かったが，できないと言えないでいるのではないか。
4. 仕事は遊びではないのだから，進まなければなぜ進まないのかの理由をBから聞いてはっきりさせ，その上で仕事が進むような対処をすることが必要ではないか。
5. 新しい仕事を新人に指示するのだから，やり方をきちんと教えてできるかどうか確認をすることが必要ではないか。
6. 仕事のやり方を教えた後，進捗状況を報告させるようにし，不明な点は遠慮なくCに尋ねてもらいたいと伝えることが必要ではないか。

「解説」
「仕事を指示したのに進まない」「催促すると手がつかない理由を言う」というのだから，頼み方についてのことが答えになる。

35 解答　1

「解説」
1.「落成式」とは建物が完成したとき，多くの人に披露する意味を含めて行う，祝いの式典のことである。

36 記述 解答例
①背筋を伸ばしたままでやや前傾にし，手は体の前で重ねる。
②背筋を伸ばしたままで，腰から曲げる，手は体の前で重ねる。

37 秘書Aは上司(高橋部長)から，「あさって，商品Kの納品のことで打ち合わせをしたいが都合はどうか」を尋ねてもらいたいと指示された。このことを次の相手に伝える場合，どのように言うのがよいか。それぞれについての適切な言い方を答えなさい。

記述

1) 社内の課長に

2) 取引先の部長に

38 相手に何かを説明するとき，「要領よく」説明することが大切である。ではそうするには，どのようなことを注意すればよいか。箇条書きで四つ答えなさい。

記述

39 秘書Aの上司(総務部長)のところへ，取引先のK氏が間もなく来訪することになっている。しかし上司は，先ほど工場で発生した火災の対策会議に出席することになり面会ができなくなった。課長もその会議に出席することになっている。K氏には連絡は取れない。このような場合，Aは来社したK氏にどのように対応するのがよいか。箇条書きで三つ答えなさい。

記述

SECRETARY 12　マナー・接遇

37 記述解答例
1) 高橋部長が，明後日，商品Kの納品のことで打ち合わせを行いたいとおっしゃっていますが，ご都合はいかがでしょうか。
2) 私どもの高橋が，明後日，商品Kの納品のことでお打ち合わせをいたしたいと申しておりますが，ご都合はいかがでいらっしゃいますか。

38 記述解答例
1. 説明する内容を，自分が完全に理解した上で説明する。
2. 最初に，説明する内容の概略・要点・数などを予告して具体的内容に入る。
3. 口頭だけで説明するには複雑と思われる場合は，データや図解したものなどを用意して説明する。
4. 相手の反応を見ながら説明し，相手がよく分からない様子だったら確認をする。
5. 説明でポイントが幾つかある場合は，最後にポイントを繰り返す。
6. 相手が理解しやすい順序を考えて説明する。

「解説」
設問は，「要領よく説明するには」ということだが，では，説明の仕方が要領を得ないとはどういうことか。（説明することについて）理解していない，整理がされていない，あるいは相手の反応に関係なくしているなどである。従ってそれらについてどうすればよいかが答えになる。

39 記述解答例
1. 理由を話して上司が面会できなくなったこと，課長も会えないことを伝え，約束をしていたのに申し訳ないとわびる。
2. 次の面会を予定させてもらいたいと言って，四,五日後ぐらいのK氏の都合のよい日時を尋ねておく。
3. 上司と相談して返事をさせてもらうと言う。
4. 上司に伝えておくことはないかを尋ねておく。

「解説」
まずわびることになるが，そのとき，火災の対策会議出席のためという緊急事態の理由を話す。その後，こちらの事情で面会ができなくなったのだから，次の面会ができるようにK氏の都合を尋ねて，返事をさせてもらうと言うことが答えになる。

SECRETARY

1級 13

技能

実技編

各問いの『解答・解答例』は，印刷の濃さを薄くし，
目に入ることで考える妨げにならないよう配慮してあります。

EXERCISE 技　能

40 秘書Aの新しい上司はせっかちな性格である。このような上司のスケジュールを作成する場合，一般的に配慮すべきことを具体的に箇条書きで三つ答えなさい。

記述

41 秘書Aは上司（営業本部長）から，「全国支店長会議を行うので準備をしてもらいたい」と言われ，次のようなことが書かれたメモを渡された。このような場合Aが，「予算」と「本部長以外の営業本部からの出席者」の他に上司に確認しなければならないことを，箇条書きで四つ答えなさい。

記述

　・日時は7月22日（金）　10：00～16：30
　・会場はPホテルを確保してある。
　・支店長は全員（20名）から出席の返事をもらってある。
　・支店長全員と私は宿泊予定。部屋は確保してある。

42 秘書Aの上司主催の部長会議が，予定の終了時刻になった。そこでAが会議室近くで待機していると，会議室から出てきた上司から「会議を延長することになった。あと1時間近くかかる予定だ。今は休憩時間で10分後に再開する」と言われた。このような場合のAの必要な対処を，順を追って箇条書きで答えなさい。

記述

LECTURE

40 記述解答例
1. 必要な調整は早く行い，スケジュールを早く確定する。
2. 会議や来客との面談の所要時間は確認するが，延びる場合の余裕時間はあまり取らなくてもよい。
3. 予定と予定の間に，あまり時間の余裕を取らなくてもよい。
4. 交通手段にはいつも新しい知識を持ち，上司の行動に時間の無駄がないようにする。
5. 予定が変更になってその時間が空いたとき，その時間が無駄にならないようにする。

「解説」
せっかちな性格の人は，ゆったりしたことや待つことは苦手である。従ってスケジュールを作成するときの配慮は，調整も決定も早くすること。余裕時間を取るなどの必要はない。これらのことが答えになる。

41 記述解答例
1. 会場のレイアウト
2. 使用する機器
3. 準備する資料
4. 昼食や，休憩時の飲み物などについてどのようにするか
5. 会議終了後の予定（懇親会などの予定）

「解説」
設問では，この時点で分かっているのは日時・会場・出席者・宿泊・予算。従って，支店長会議の準備をするために必要なことで，設問に入っていないことが答えになる。

42 記述解答例
1. 上司に次のことを確認する。
   a 飲み物は入れ替えるか。希望はあるか。
   b その他，今用意しなければならないものなどはあるか。
2. 会議室の使用時間を変更する。予約が入っている場合は，予約している人（部署）に，継続して使わせてもらいたいと頼む。
3. 1．で確認したことに従って，飲み物の準備その他必要なことを，他の人に手伝ってもらってでもすぐにする。
4. 関係部署に会議延長の連絡をし，急ぎで連絡することはないかを尋ねる。
5. 会議の延長によって，上司の予定に影響するものがあれば調整する。

「解説」
会議が延長になったのだから，それによって必要になること，例えば飲み物などはその例。また，影響が出ることへの対処，会議室の使用時間関係などはその例，などが答えになる。

43 秘書Aは今朝の新聞で，取引先の部長が大阪支店から福岡支店長に栄転したことを知った。そこでこのことを上司に報告したところ，簡単でよいから祝い状の原稿を作ってもらいたいと指示された。この原稿を，下の枠内に縦書きで書きなさい（本文のみでよい）。

記述

44 上司のスケジュール作成をするときの基本的なことを，具体的に四つ答えなさい。

記述

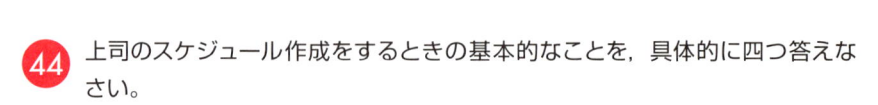

43 記述 解答例

> 拝啓　向寒の候、ますますご健勝のこととお喜び申し上げます。
>
> 今朝の新聞によりますと、福岡支店長にご栄転の由、誠におめでとうございます。
>
> 大阪支店ご在勤中は格別のご厚情を賜り、誠にありがとうございます。
>
> 今後とも一層のご指導を賜りますよう、よろしくお願い申し上げます。
>
> まずは、略儀ながら書中をもってお祝い申し上げます。
>
> 敬具

「解説」

このような場合は、時候のあいさつ、祝いの言葉、世話になったことへの感謝の言葉などを体裁を整えて書くことになる。解答例以外に、今後の活躍を期待するという気持ちを込めて、「新任地での一層のご活躍を心からお祈り申し上げます」という言葉を添えるのもよい。

44 記述 解答例

1. 上司の仕事の進め方や性格に合った時間配分をする。例えば
   a 上司がせっかちタイプなら、隙のない組み方をする。
   b 上司がのんびりタイプなら、余裕を持たせた組み方をする。
2. 来訪者の面談時間は、相手や用件によって時間を加減する。
3. 会議の時間は、会議の種類や議題によって、時間の延長を考慮に入れる。
4. 交通機関や所要時間についての最新の知識を持つ。
5. 上司の健康状態に注意しながら、予定を組む。

45 秘書Aは上司から，支店数カ所を回りたいので準備をしてもらいたいと，訪問する支店名を書いたメモを渡された。書かれている支店はいずれも，宿泊の必要のないところで，移動には社用車を利用するとのことである。このような場合，①上司に確認すること，②これに伴って行わなければならないことをそれぞれ箇条書きで四つずつ答えなさい。

記述

① 上司に確認すること

② これに伴って行わなければならないこと

46 秘書Aは上司から，「T地区の得意先を招いて懇親会を立食形式で行うので，会場を幾つか当たってもらいたい」と言われ，開催日時・参加予定人数・予算が書かれたメモを渡された。このような場合，Aが会場に電話をしたとき先方の担当者から聞いておくことを，1．2．以外に箇条書きで三つ答えなさい。

1．開催日に用意できる部屋の広さ。
2．部屋の使用料金。

記述

45 記述 解答例

① 1. 全体の予定時間
   2. 各支店におけるおおよその所要時間
   3. 回る順序
   4. 用意する資料はあるか
   5. 同行者の有無
   6. 他の予定の調整について

② 1. 訪問予定表の作成
   2. 訪問する支店への連絡
   3. 必要により資料の作成
   4. 社用車の運転手との打ち合わせ
   5. 同行者がいれば，同行者への連絡
   6. 社内の関係者への連絡
   7. 必要により既に入っている予定の変更

「解説」
回る支店だけ書かれたメモを渡されたのである。準備をするとなると，①は回る順序，必要資料，時間をどれだけ予定しているのかの確認が必要になる。②は，できた確認事項に基づいて行うことが答えになる。

46 記述 解答例

1. 予算内で準備できる飲食物の内容。
2. 正式予約の期限。
3. 交通の便。
4. 駐車場の有無と収容台数。
5. 担当者氏名と連絡先。
6. 当日の他の集会などの予定。

SECRETARY

1級 **14**

直前模擬試験

テスト **1**

実力テスト

テスト1「直前模擬試験」は実力テストです。各領域で学んだ力を試してください。また、筆記試験は「理論編」と「実技編」に領域区分され、それぞれが60％以上正解のとき合格となります。なお検定協会では配点を公表しておりません。

| 試験時間　140分 |

区別	領　域	問題数	正解数	合計正解数
理論編	Ⅰ　必要とされる資質	／3問		
	Ⅱ　職務知識	／2問		
	Ⅲ　一般知識	／2問		／7問
実技編	Ⅳ　マナー・接遇	／7問		
	Ⅴ　技能	／3問		／10問

注）本試験では理論編が「Ⅰ　必要とされる資質／2問」「Ⅱ　職務知識／3問」「Ⅲ　一般知識／2問」で計7問となることもあります。

必要とされる資質

1 秘書Aは，チーム秘書のリーダーを担当している。秘書4人で8人の上司の秘書業務を行っているが，あるとき上司の一人から，「自分に合った秘書業務が受けられず，不満である。改善してもらえないか」と言われた。このような場合，上司への秘書業務の質を高め，上司に満足してもらえるようにするにはどのようなことをすればよいか。箇条書きで三つ答えなさい。

2 秘書Aは，新人Bから「上司に，もう少し気を利かせて仕事をしてほしいと言われた。自分の仕事の仕方についてどこに問題があるか相談に乗ってほしい」と言われた。このような場合，気を利かせた仕事の仕方とはどういうものかをBに教えるとしたら，Aはどのようなことを言えばよいか。箇条書きで三つ答えなさい。

3 秘書Aは上司（常務）から「部長からの新規ビジネスについての企画書を読んだが，計算間違いで数字が違っている。以前にも同じようなミスがあったが，こんないいかげんなことでは困る」と企画書を部長に返すように言われた。Aは部長に企画書を返すとき，どのように言えばよいか，その言葉を答えなさい。

職務知識

4 秘書Aは上司（人事部長）から「明後日の1時からの部長会議は，T部長の都合で3時からに変更になったから頼む」と言われた。上司はこの会議の招集者である。この場合，Aはどのように対処すればよいか。順を追って箇条書きで答えなさい。

5 秘書Aは，取引先の工場が台風で大きな被害を受けたことをニュースで知った。上司は，あいにく長期出張中である。本日の予定を見ると，今は移動中で連絡が取れるのは2時間後である。このような場合，Aはどのように対処すればよいか。順を追って箇条書きで答えなさい。

一般知識

（チェック欄）□ □ □

6 秘書Aの上司は総務部長である。上司は仕事柄慶弔事に関わることが多く、物事を決めるとき暦を見て参考にする場合がある。次は上司が決めるとき参考にする暦に書かれている言葉と意味の組み合わせである。中から<u>不適当</u>と思われるものを一つ選び、その番号を（　）内に答えなさい。

1) 「仏滅」＝　何をするにもよくないとされる日。
2) 「友引」＝　勝負ごとは、何事も相手に有利な結果になるとされる日。
3) 「先勝」＝　急用や訴訟などをするのによいとされる日。「せんがち」とも言われる。
4) 「先負」＝　何をするにも、控えめにするのがよいとされる日。「せんまけ」とも言われる。
5) 「赤口」＝　昼どき以外は、何をするにもよくないとされる日。「しゃっく」とも言われる。

（チェック欄）□ □ □

7 次の用語を簡単に説明しなさい。
1) 公証人
2) 公認会計士
3) 社会保険労務士
4) 司法書士
5) 弁理士
6) 行政書士
7) 税理士

マナー・接遇

（チェック欄）□ □ □

8 次のことは、どのようなことを言うのか、簡単に説明しなさい。
1) 玉串奉奠をする
2) 陣中御見舞
3) 米寿を祝う

（チェック欄）□ □ □

9 次のような場合、秘書A（石田）は電話でどのように言えばよいか。その言葉を「　」内に答えなさい。
1) 支店長秘書と電話で会議の打ち合わせ中、急ぎの電話が入ったため、

いったんかけ直すとき
2) 上司と用談中の客（田中部長）に同じ会社の山本部長からかかってきた電話を取り次ぐとき
3) 上司（鈴木部長）の伝言を伝えるため，取引先の専務を呼び出してもらい，電話口に専務が出たので，呼び出したことをわびて自分を名乗るとき

（チェック欄）□ □ □

10 秘書Aは，後輩秘書Bから「お歳暮などの贈答業務を任されることになったので，どのように進めればよいか教えてほしい」と言われた。この場合AがBに教えるとよいことを，箇条書きで三つ答えなさい。

（チェック欄）□ □ □

11 秘書Aの上司（T部長）は，「緊急な取引先の用件で外出するので，M氏との面会は変更しておいてもらいたい」と言って外出した。AがM氏の秘書に電話をしたところ，M氏は既にこちらへ向かってしまったという。このような場合，到着したM氏に対し，どのように言えばよいか。その言葉を「　　　」内に答えなさい。

（チェック欄）□ □ □

12 秘書Aは新人Cから「上司の代理で，取引先の告別式（仏式）に参列することになった。初めてのことなので教えてほしい」と言われた。このような場合，次のそれぞれについてAはCにどのように教えればよいか。簡単に答えなさい。
1) 会葬者芳名録の記入の仕方
2) 受付で言う言葉
3) 顔見知りの人と会ったときの対応
4) 不祝儀袋の渡し方
5) 服装についての注意

（チェック欄）□ □ □

13 秘書Aの上司（鈴木部長）の知人のG氏から，自社の新製品を紹介したいので，上司の都合のよい日時を教えてもらえないかという電話を受けた。Aがこのことを上司に伝えると，「今は購入の予定がないので，断るように」と言われた。Aは，G氏が上司の友人であることから，配慮した断り方をしたいと思った。このような場合，AはG氏に何と言えばよいか。その言葉を答えなさい。

（チェック欄）□ □ □

14 秘書Aは上司から「20周年祝賀パーティの受付を担当する新人Cに，落ち度なく，失礼にならない受付をするように，丁寧な言葉遣いや振る舞いの指導をするように」と指示された。このような場合，Aは次のそれぞれに

ついてどのような指導をすればよいか答えなさい。
1) 急用ができた,と言って遅れてきた来会者に対してのその言葉と動作。
2) 来賓に胸章を着けさせてもらうときのその言葉と動作。
3) 来会者芳名録に記帳してもらうときのその言葉と動作。
4) 途中だが,所用のためにこれで失礼する,と言われたときのその言葉。
5) 祝儀袋を出され,受け取るときのその言葉と動作。

技　能

(チェック欄) □ □ □

15 秘書Aは新人Bから相談を受けた。「上司宛てに届いた郵便物を上司に渡すとき,どのようなところに気を付ければよいかを教えてほしい」というものである。このような場合,AはBにどのようなことを言えばよいか。箇条書きで五つ答えなさい。

(チェック欄) □ □ □

16 秘書Aは,上司（本部長）から,「この11月に取引先の部長が営業本部長に昇進したので,簡単でよいから祝い状の草案を作っておいてもらいたい」と指示された。この草案を縦書きで枠内に書きなさい。

(チェック欄) □ □ □

17 次の表は,F社の「男女別営業部員採用数」と,「売上高推移」である。これを見やすいように一般的なグラフの書き方に従って,一つのグラフにしなさい。
(注) 定規を使わないで書いてもよい。

年度	令和A	令和B	令和C	令和D
営業部員採用数(人) 男性	10	15	10	15
営業部員採用数(人) 女性	10	5	15	10
売上高(億円)	300	400	400	450

本試験問題

1級 15

テスト2

本番テスト

SECRETARY

テスト2「本試験問題」は本番テストです。実際に出題された過去問題が掲載してあります。問題をよく読み何が問われているかに注意して，総仕上げのつもりで取り組んでみてください。

試験時間　140分

区別	領　域	問題数	試験時間
理論編	Ⅰ　必要とされる資質	／2問	140分
理論編	Ⅱ　職務知識	／3問	140分
理論編	Ⅲ　一般知識	／2問	140分
実技編	Ⅳ　マナー・接遇	／7問	140分
実技編	Ⅴ　技能	／3問	140分

注）本試験では理論編が「Ⅰ 必要とされる資質／3問」「Ⅱ 職務知識／2問」「Ⅲ 一般知識／2問」で計7問となることもあります。

必要とされる資質

1　秘書Aは後輩秘書Bから相談を受けた。「新しく二人の部長を担当することになったが，二人はライバル意識が強いとうわさで聞いている。どうすればよいか」というものである。このような場合Bに，二人の部長の秘書業務を行うに当たって心がけることをアドバイスするとしたら，どのようなことを言うのがよいか。箇条書きで三つ答えなさい。

2　次は，鈴木部長秘書Aが行った来客などへの対応である。中から不適当と思われるものを一つ選び，その番号を（　　　）内に書き，その理由を答えなさい。
1. 体調が悪いので誰も取り次がないようにと言われていたとき，常務から部長の在否を聞かれて
「いらっしゃいますが，お忙しいようですので，ただ今ご都合を伺ってまいります」
2. 上司から，長居するので困る，何とかならないかと言われていた取引先の部長が訪れたとき
「今日は30分後に外せない用が入ってしまいました。20分のお時間でお願いできますでしょうか」
3. なるべく深入りしたくないと言っていたことの取材に業界紙の記者が訪れたとき，上司は出張中だったので
「あいにく鈴木は出張いたしております。課長でしたら対応できると思いますが，いかがいたしましょうか」
4. 二日酔いで頭が痛いと言っているとき，昨夜一緒だった他部署のY部長に部長の在否を聞かれて
「お部屋においでですが，今朝は二日酔い気味とおっしゃっています。Y部長はいかがでいらっしゃいますか」
5. 上司は在席しているが，用件に関わりたくないので断るようにと言われている知人が訪れたとき
「鈴木からは，お断りするようにと申し付かっております。今日のところはお引き取り願えませんでしょうか」

〔番　号〕（　　　）
〔理　由〕

職務知識

（チェック欄）□ □ □

3 秘書Aの上司は今週いっぱいの予定で出張中である。そのような折，古くからの知人と名乗るK氏から電話があった。Aが，上司は今週いっぱい出張しているが連絡を取ることができると告げると，「急いで連絡したいことがある，来週まで待てないので出張先の電話番号を教えてもらいたい」と言う。このことにAはどう対処すればよいか。K氏と上司への対処を，順を追って箇条書きで答えなさい。

（チェック欄）□ □ □

4 秘書Aの上司が役員をしている業界団体の事務局から，明日緊急の役員会を開きたいので，都合をつけてもらえないかとの連絡があった。時間は上司の都合を優先させるとのことである。現在午前10時。上司は業務視察のためのF支店に出張中で，帰社は明後日の予定である。このような場合Aは，事務局や上司にどのように対応すればよいか。順を追って箇条書きで答えなさい。

（チェック欄）□ □ □

5 秘書Aは後輩Bから相談を受けた。「Bの上司は外部の会議や会合への出席依頼があると，取りあえず出席としておいてほしいと言うが，当日になって取り消すことが多く，先方に迷惑をかけている。どうすればよいか」というものである。このような場合AはBに，どのようなことをアドバイスするのがよいか。箇条書きで三つ答えなさい。

一般知識

（チェック欄）□ □ □

6 次のそれぞれの説明を何というか。例を参考にして漢字で□内に答えなさい。

　（例）会社などが年末に行う，一年間の所得税の過不足の精算のこと

　　　＝ | 年 | 末 | 調 | 整 |

　1）所得が大きくなるに従って，税率が高くなる課税方式のこと

　　　＝ | | | |

2) 給与などの支払者が，その金額から所得税を天引きすること
   = ☐☐☐☐

3) 個人の税金を計算するとき，所得から差し引ける一定の金額のこと
   = ☐☐☐☐

4) 個人所得から税，保険料などを引いた後の自由に使える手取り所得のこと
   = ☐☐☐☐☐

(チェック欄)☐☐☐

7 次の用語を簡単に説明しなさい。
1) プライスリーダー
2) 情報リテラシー
3) モラル・ハザード
4) ランニングコスト
5) スケールメリット
6) コマーシャル・ベース
7) セカンド・オピニオン

マナー・接遇

(チェック欄)☐☐☐

8 次の用語の読み方を平仮名で（　　）内に書き，簡単に説明しなさい。
1) 享年　　（　　　　）
2) 賀寿　　（　　　　）
3) 仏滅　　（　　　　）
4) 忌明け　（　　　　）
5) 玉串奉奠（　　　　）

(チェック欄)☐☐☐

9 秘書Aは後輩から，初めて祝賀パーティーに招待されたが，どのようにすればよいかが分からないので教えてもらいたい，と言われた。次はA

が後輩に教えたことである。正しいものには○，間違っているものには×を，□内に書きなさい。

- [ ] 1) 招待状に出欠連絡の返信はがきが同封されているときは，それを使ってできるだけ早く返事を出すこと。
- [ ] 2) 返信はがきには，出席のときは祝いの言葉を書くのがよいが，欠席のときは何も書かないのがよい。
- [ ] 3) 招待状には服装の指定がないときは，会場の格や開始時刻などによって決めるか，主催者側に尋ねてみるのもよい。
- [ ] 4) 祝儀を持っていくときは，祝儀袋に金額を記し，受付におめでとうございますと言って差し出すこと。
- [ ] 5) 会場の入り口で飲み物を手渡されることがあるが，主催者のあいさつや乾杯を待たずに口を付けてよい。
- [ ] 6) 来賓が祝辞を述べている最中は，会場内の出入りはなるべくしないようにすること。
- [ ] 7) パーティーが終わる前に帰るときは，主催者の所へ行ってあいさつしてから帰るようにすること。

(チェック欄) □ □ □

10 秘書Aは新人Bから，「上司から，あなたの話し方は頼りない感じがする，自信がない印象も与えるので直すようにと言われた。具体的にどのようにすればよいだろうか」と相談を受けた。このような場合AはBに，どのようなことを言えばよいか。箇条書きで三つ答えなさい。

(チェック欄) □ □ □

11 秘書Aの上司（中田常務）は外出していて4時ごろに戻る予定である。このような場合，上司にかかってきた次の電話に対して，Aが「4時ごろには戻るので，電話するように伝える」と応答するとしたら，どのように言うのがよいか。適切な応答の言葉を書きなさい。
1) Aも顔見知りの上司の親友，大沢氏からの電話に対して
2) 取引先の落合部長からの電話に対して
3) 上司の家族（自宅）からの電話に対して

(チェック欄) □ □ □

12 秘書Aの上司（総務部長）のところへ，取引先のM氏が間もなく来訪することになっている。しかし上司は，先ほど工場で発生した火災の対策

会議に出席することになっていて面会はできない。課長もその会議に出席することになっている。M氏には連絡は取れない。このような場合，Aは来社したM氏にどのように対応するのがよいか。箇条書きで三つ答えなさい。

13 次のそれぞれを，来客に対する丁寧な言葉に直して答えなさい。(「すみません」という言葉はそれぞれ別の言葉にすること)
1)「足を運んでもらってすみません。依頼された資料はこれです」
2)「ちょっと時間がかかるので，すみませんが，そっちの応接コーナーで待ってもらえませんか」
3)「詳細は後でメールで知らせるので，すみませんが，こっちにあなた（鈴木氏）のメールアドレスを書いてもらえませんか」

14 販売部長秘書Aは，けがで入院した課長の見舞いに部を代表して行くことになった。病院名と面会時間は既に分かっている。このような場合Aが，①見舞いに行く前にすること，②見舞いに行ったときに心がけることを，箇条書きでそれぞれ三つずつ答えなさい。
① 見舞いに行く前にすること
② 見舞いに行ったときに心がけること

技　能

15 秘書は，上司の部屋の整備に特に気を使わないといけない。それはなぜか，考えられる理由を箇条書きで三つ答えなさい。

16 秘書Aは，体調を崩している上司に同行して業界団体の理事会に出席した。次はそのときAが行ったことである。中から不適当と思われるものを一つ選び，その番号を（　　）内に答えなさい。
1. 顔見知りの事務局員に事情を話し，上司のすぐ後ろに椅子を用意してもらえるか尋ねて頼んだ。
2. 会議の資料が自分にも配布されたとき，別刷りの秘文書も渡されたが，それは返した。

3. 発言者より自分の方が分かっていることが話題になったとき，上司に補足の説明をした。
4. 次回の開催日時を決めるとき，上司の予定表が手元になかったので，自分の手帳から推測した二，三の日を上司に告げた。
5. 終了後上司は直帰するというので，秘文書も他の資料の中に挟んで自分が持ち帰ることにした。
   (　　　)

(チェック欄) □ □ □

17 秘書Aは上司から，「取引先のM会長が亡くなった。遠方で告別式に行くことができないので，悔やみ状を同封して香典を会社宛てに送ってもらいたい」と指示された。この場合の悔やみ状の草案を，縦書きで枠内に書きなさい。(本文だけでよい)

SECRETARY

16

1級 面接

面接編

1　1級面接試験の手順

控室に入る	空いている席に座り,番号札を左胸に着けて待ちます。また,受付で渡された説明書で試験の受け方を確認します。
課題を受け取る	試験の直前になると「報告」と「応対」の課題が渡され,それを指定された場所で5分間で覚えます。
面接室に入る	面接室へは荷物を持って入ります。 時間になると係員が面接室に案内します（2人一組）。入り口で会釈をし,荷物を置いてから中央に進み,指示に従って審査員に向かって番号と名前を言います。
「報告」をする	番号の若い順に「報告」のロールプレーイングをします。
「応対」をする	同様に,番号の若い順に"来客役"を相手に「応対」のロールプレーイングをします。
コメントを受ける	ロールプレーイングが終わったら,2人そろって審査員の前に立ちコメントを受けます。
退室する	面接試験が終わったら,2人そろって荷物を持って退室します。番号札を受付に返してから帰ります。

◇面接試験は2人ずつで,時間は2人で11分程度です。
◇試験で行うことは,ロールプレーイング（役割演技）です。
◇ロールプレーイングの課題は「報告」と「応対」です。
◇課題は面接室に入る前に5分間で覚えます。
◇質問はできません。
◇合否の結果は,面接試験日の約3週間後に通知されます。

1級

SECRETARY 16　面接

〈面接室内略図〉

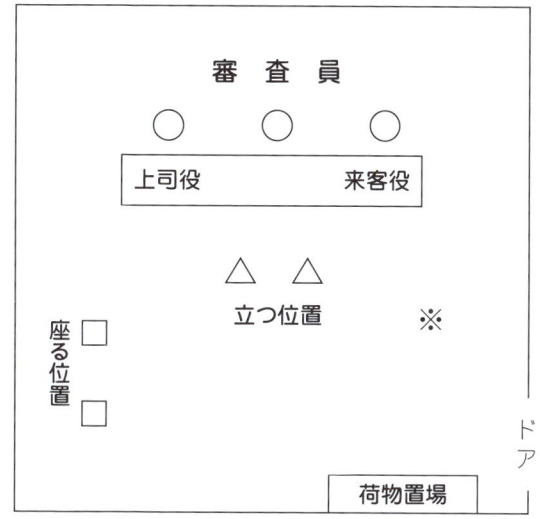

```
                審　査　員
           ○       ○       ○
      ┌─────────────────────┐
      │ 上司役           来客役 │
      └─────────────────────┘

              △   △
              立つ位置       ※
   ┌┐
   │└ 座
   │  る
   │  位
   │  置
   ┌┐                          ド
   └┘                          ア
                    ┌─────────┐
                    │ 荷物置場 │
                    └─────────┘
```

（ドアの位置や荷物置場は会場によって異なります）

※印は，来客役が立つ位置です。

2 審査の基準とポイント

■**審査の基準**

　上級秘書として「普通を超えた，感じのよい話し方の調子，言葉遣い，態度，振る舞い」である。

審査のポイントは，
面接室内での「態度」「振る舞い」「言葉遣い」「話し方の調子」「物腰」「しぐさ」「身なり」など（の雰囲気）です。

■**審査の対象**
　　a．立ち居振る舞いが丁寧で感じがよい。
　　b．話し方や言い方の調子に，腰の低さと柔らかさが感じられる。
　　c．秘書としての謙虚な態度が感じられる。

　　　〔注〕審査の対象は分けて説明していますが，実際には分け切れません。
　　　　　　例えば「態度」と「振る舞い」は，どれも身体を通して表れるも

203

のですが，実際にはオーバーラップしていて，両方が合わさって感じの善しあしが雰囲気として醸し出されます。

雰囲気とは，見て，または聞いて感じがよいということで，説明がしにくくつかみどころがないものですが，技能を超えたところでの審査となると，雰囲気のところに行き着かざるを得ないということなのです。

3 面接試験の対応

■課題を覚える（控室）

試験開始の7分前になると，2人（一組）の面接番号と名前が呼ばれます。荷物を持って指定された場所で，係員から渡された「報告」と「応対」の課題を5分間で覚えます。課題用紙は係員に返します。

「報告」の課題は，最近の話題やニュースなどが約200文字でまとめられています（2人の内容は異なっています）。

＜「報告」の課題例＞
　※ 以下の内容を，上司役に報告してください。

　若い女性やカップルに囲碁が人気だそうだ。

　仕事帰りに，カフェのような明るいサロンで囲碁を楽しみ，ビールを片手にレッスンを受けるのだという。

　囲碁をPRするフリーペーパーは，女性に親しんでもらえるようにファッション雑誌のようなデザインになっている。

　囲碁を楽しめるバーもできて，デートで囲碁をするカップルもいるそうだ。

　囲碁人口は，40から50代は減っているが，若い世代は増えており，ブームが予感されるという。

「応対」の課題は，来客を応対するについての状況が設定されています。その設定内容に従って，ロールプレーイングの形で来客役に対して応対します。

＜「応対」の課題例＞
　※ 以下の状況設定で，来客役に応対してください。

> あなたは，山田部長秘書である。
> 現在午後1時10分。午後1時の予約客が遅れて訪れた。
> 部長は昼前の来客と昼食に出たまま，まだ戻ってこない。様子から，どうも午後の来客を忘れているらしい。

■面接室入室
　入り口では係員がドアを開けてくれますので，面接番号順に1人ずつ入室します。入室したら荷物を置きます。指示に従って中央の「立つ位置」まで進みます（203ページ参照）。2人そろってから面接番号と名前を言い，「よろしくお願いいたします」とあいさつします。
　「椅子におかけください」の指示で，審査員に近い方から面接番号順に座ります。
　このときのお辞儀の仕方や椅子への座り方がしっかりしていれば，印象がよくなります。

■「報告」
　報告は1人ずつ，2人続けて行います。
　審査員から「始めは報告です。報告は上司役へお願いします。○○番の方からどうぞ」などと指示があります。
　呼ばれたら「はい」と返事をして上司役の審査員の前に進みます。このときの返事は明るくしっかりとした言い方の調子を意識してください。
　報告のときの立つ位置は，上司役の机の前1.5メートルほどにします。
　いきなり内容について触れるのではなく，「失礼いたします。（○○について）ご報告申し上げたいことがございますが，ただ今お時間はよろしいでしょうか」などと上司の都合を聞いてから報告します。

控室で覚えた内容を要領よくまとめて報告しますが，
　・上司の前できちんと立ち止まってから始める
　・前傾姿勢を取るなどして秘書としての謙虚な態度を表す
　・明るく丁寧な話し方や言い方の調子を意識する
ことが肝心です。
　また報告では，緊張したり上がってしまい，課題にある年齢や割合の数字などを忘れて，課題と異なった数字を伝えてしまうことがあるかもしれませんが，これにより不合格になるようなことはありませんので落ち着いて最初の課題に臨んでください。

SECRETARY

1級・面接試験の課題と解答例

面接模擬課題
面接本試験課題

4 面接模擬課題【報告】

以下の内容を，上司役に報告してください。

＊いきなり内容について触れるのではなく，「失礼いたします。(○○について)ご報告申し上げたいことがございますが，ただ今，お時間はよろしいでしょうか」などと上司の都合を聞いてから報告します。
報告し終わった際は，「以上でございます」「何かご不明な点はございませんでしょうか」などと付け加えるのがよいでしょう。「ご質問はございませんでしょうか」とは言いませんので注意してください。

課題 1

ヨモギやタンポポなど野草の摘み草料理が人気だという。

散歩の途中，公園に生えている草を採ってきて天ぷらやおひたしにするそうだ。

インターネットでは，雑草のケーキのレシピも紹介されているという。

野草により町おこしをする地方もあり，摘み草料理の食堂を開き，草花の見分け方の講習会を行っている。体験ツアーは参加者の9割が女性だという。

季節の変化を感じ取れる摘み草は，新しいレジャーになるかもしれない。

課題 2

「中高年」は40代から60代だが，この言葉の受け止め方が曖昧になってきて新しい「大人市場」が生まれそうだという。

ある調査では50代で自分をシニアと思っている人は27％で，7割強は人ごとと思っているようだ。

この傾向は特に女性に強く，何歳になっても若々しく格好よくいたいという感覚と，子供が独立した後の個人資産が「新しい大人の消費」として期待され，あらゆる業種のビジネスを活性化する可能性があるという。

課題 1 解答例

　失礼いたします。最近の摘み草料理の人気についてご報告申し上げたいと存じますが，ただ今，お時間はよろしいでしょうか。
（上司　はい，お願いします。）
　はい，かしこまりました。
　ヨモギやタンポポなど野草の摘み草料理が人気なのだそうです。
　散歩の途中，公園に生えている草を採ってきて天ぷらやおひたしにするとのことです。
　インターネットでは，雑草のケーキのレシピも紹介されているそうでございます。
　野草で町おこしをする地方もあるそうで，摘み草料理の食堂を開き，草花の見分け方の講習会まで行っているとのことです。体験ツアーは参加者の9割が女性だそうです。
　季節の変化を感じ取れる摘み草は，新しいレジャーになるかもしれない，とのことでございます。
　以上でございますが，何かご不明な点はございませんでしょうか。

課題 2 解答例

　失礼いたします。ご報告申し上げたいことがございますが，ただ今お時間はよろしいでしょうか。
（上司　はい，お願いします。）
　はい。「中高年」とは40代から60代のことですが，この言葉の受け止め方が曖昧になってきて新しい「大人市場」が生まれそうだ，とのことでございます。
　ある調査では50代で自分をシニアと思っている人は27％で，7割強は人ごとと思っているようでございます。
　この傾向は特に女性に強く，何歳になっても若々しく格好よくいたい，という感覚と，子供が独立した後の個人資産が「新しい大人の消費」として期待されて，あらゆる業種のビジネスを活性化する可能性があるとのことでございます。
　以上でございますが，何かご不明な点はございませんでしょうか。

課題 3

　大都市圏の大学では，キャンパスを都市部に移す動きが広がっているという。

　少子化で大学の経営環境が厳しくなるなか，立地のよさを売り物に受験生を集めるのが狙いだという。

　学生にとっても，通学が便利でアルバイト先も見つけやすい利点がある。

　東京都心にキャンパスを構えるある大学では，この10年で志願者数が4割も増えたそうだ。

　大学が来ることで地域活性化も期待できることから，都市部の自治体が招致運動に力を入れ始めたという。

課題 3　解答例

　失礼いたします。ご報告申し上げたいことがございますが，ただ今，お時間よろしいでしょうか。
（上司　はい，お願いします。）
　はい。大都市圏の大学で，キャンパスを都市部に移す動きが広がっているそうでございます。少子化で大学の経営が厳しくなるなか，立地のよさを売り物に受験生を集めるのが狙いとのことです。
　学生にとっても，通学やアルバイトを見つけるのに便利という利点があります。
　東京都心にある大学では，ここ10年で志願者数が4割も増えているそうでございます。
　大学が来ることで地域の活性化も期待できることから，都市部の自治体が招致運動に力を入れ始めた，とのことでございます。
　以上でございますが，何かご不明な点はございませんでしょうか。

5 面接模擬課題【応対】

以下の状況設定で,来客役に応対してください。

＊応対は,控室で示された課題の設定内容に応じてロールプレーイングの形で,客役の審査員(または係員)に対して行います。

課題 1

あなたは,山田部長秘書である。
部長は急きょ,支店で起きたトラブル処理のため,出張の準備をしている。
帰社は,予定では明後日である。
そこへ,この時間に予約のある客が訪れた。

課題 2

あなたは,山田部長秘書である。
部長は次の予定までに時間があったので,部下と面談中である。
そこへ,「急なことだが,部長に相談したいことがあるので,会えないか」と言って,約束のない客が不意に訪れた。

応対のロールプレーイング例
課題 1　解答例

- ○来客「失礼いたします」
- ●秘書「いらっしゃいませ」
- ○来客「山田部長様とお会いする約束のABC商事の中村と申します」
- ●秘書「ABC商事の中村様でいらっしゃいますね。いつも大変お世話になっております」
- ○来客「こちらこそ,お世話になっております」
- ●秘書「中村様,ご予約をいただきながら,誠に申し訳ございません。山田は急用のため,これから出張いたしますので,ご面会のお時間をお取りできなくなりました」
- ○来客「そうですか,急な出張では仕方ありませんね」
- ●秘書「申し訳ございません。山田は明後日に帰社予定でございます。後日改めてお約束を承りたいと存じますが,よろしいでしょうか」
- ○来客「はい,そのようにお願いします」
- ●秘書「かしこまりました。山田が出張から戻り次第,中村様にご連絡をさせていただきます。本日はお約束をいたしておきながら誠に申し訳ございません」
- （来客役「はい,ここまでにいたします」）

応対のロールプレーイング例
課題 2　解答例

- ○来客「こんにちは」
- ●秘書「いらっしゃいませ」
- ○来客「山田部長様,お願いします」
- ●秘書「失礼ですが,どちら様でいらっしゃいますか」
- ○来客「ABC商事の中村と申します。約束はしておりませんが,山田部長様にご相談したいことがございます。お会いできますでしょうか」
- ●秘書「ABC商事の中村様でいらっしゃいますね」
- ○来客「はい,そうです」
- ●秘書「中村様,誠に申し訳ございません。山田はただ今,席を外しております。またこの後,次の予定も入ってございますのでお時間が取れないかもしれません。いかがいたしましょうか」
- ○来客「そうですか,それでは出直してまいりますが,部長様にご伝言をお願いしてもよろしいでしょうか」
- ●秘書「はい,承ります」
- ○来客「それでは明日の朝10時に,お電話させていただくとお伝えください」
- ●秘書「かしこまりました。山田が戻りましたら,そのように伝えておきます」
- （来客役「はい,ここまでにいたします」）

課題 3

あなたは,山田部長秘書である。

部長は予約客を30分も待っていたが来ない。約束は午前11時。そこへ専務がふらりと訪れ,部長を昼食に誘ったので一緒に昼食に出てしまった。

それからしばらくして予約客が訪れた。

応対のロールプレイング例
課題 3 **解答例**

○来客「ごめんください」
●秘書「いらっしゃいませ」
○来客「山田部長様いらっしゃいますか」
●秘書「失礼ですが、どちら様でいらっしゃいますか」
○来客「ABC商事の中村と申します。11時のお約束をいただいておりましたが、少し遅れてしまいました」
●秘書「ABC商事の中村様でいらっしゃいますね。いつもお世話になっております。中村様,誠に申し訳ございません。山田は先ほどまでお待ちしておりましたが,所用で外出してしまいました。戻るのは1時過ぎになるかと思いますが」
○来客「そうですか、それでは出直してまいりますが、私が伺うことについて山田部長様は何かおっしゃっていませんでしたか」
●秘書「申し訳ございません。山田からは何も申し付かっておりません。中村様、それでは恐れ入りますが、ご都合のよろしい日時を二,三お聞かせいただけますでしょうか」
○来客「明日か明後日の1時はいかがですか」
●秘書「かしこまりました。山田が戻り次第、中村様にご連絡をさせていただきます。本日はお約束をいたしておきながら誠に申し訳ございません」
(来客役「はい、ここまでにいたします」)

6 面接本試験課題 ——実際に出題された課題です——

課題 A

＜　報告　＞　※ 以下の内容を，上司役に報告してください。

> 　子猫や子犬などのかわいい動物を見ると，注意力が高まるという実験結果が出たという。
> 　実験では，かわいい動物の写真を見せた後，ピンセットを使ってする細かい作業の正確さが増したそうだ。
> 　かわいい動物を見ると，触ってみたいとか保護したいと感じて注意力が高まるので，作業効率が上がったらしい。
> 　この結果により実験者は，かわいい物を使って，仕事や車の運転に慎重な行動をする注意力を引き出せるのではないかと言っている。

＜　応対　＞　※ 以下の状況設定で，来客役に応対してください。

> 　あなたは，山田部長秘書である。
> 　現在午後1時10分。午後1時の予約客が遅れて訪れた。
> 　部長は昼前の来客と昼食に出たまま，まだ戻ってこない。様子から，どうも午後の来客を忘れているらしい。

課題 A 解答例

< 報告 >

　失礼いたします。かわいい動物を見ると注意力が高まるという実験結果につきましてご報告申し上げたいと存じますが，ただ今，お時間はよろしいでしょうか。
（上司　はい，どうぞ）
　はい，かしこまりました。
　子猫や子犬などのかわいい動物を見ると，注意力が高まるという実験結果が出たそうでございます。
　実験では，かわいい動物の写真を見せた後，ピンセットを使ってする細かい作業の正確さが増したとのことでございます。
　かわいい動物を見ると，触ってみたいとか保護したいと感じて注意力が高まるので，作業効率が上がったのではないかということです。
　この結果により実験者は，かわいい物を使って，仕事や車の運転に慎重な行動をする注意力を引き出せるのではないかと言っているそうでございます。
　以上でございますが，何かご不明な点はございませんでしょうか。

< 応対のロールプレーイング例 >

○来客「こんにちは」
●秘書「いらっしゃいませ」
○来客「私は，1時に山田部長様とお約束をしている，ABC商事の中村と申します」
●秘書「中村様でいらっしゃいますね。お待ちしておりました」
○来客「遅くなり，申し訳ありません」
●秘書「中村様，ご予約をいただいておりながら，誠に申し訳ございません。山田は外出が長引いておりまして，帰社が遅れております。それほど時間はかからないと思いますが，もうしばらくお待ちいただけませんでしょうか」
○来客「そうですか。どれくらいかかりますでしょうか」
●秘書「申し訳ございません。正確な帰社時間は分かりかねます。もし，お差し支えなければ，代わりの者ではいかがでしょうか」
○来客「そうですね。直接お目にかかって，申し上げたいことがございますので，少し待たせていただけますでしょうか」
●秘書「かしこまりました。それではこちらにご案内いたします」
（来客役「はい，ここまでにいたします」）

課題 B

＜　報告　＞　※ 以下の内容を，上司役に報告してください。

　シニア世代に，ゲームセンターが人気だそうだ。
　かつてゲームセンターといえば若者たちのたまり場だったが，最近は高齢者が増えているという。
　好きなときに行けて老化防止になる，孫との話題ができる，などが人気の理由のようだ。
　ゲームセンター側は，子供が学校にいる平日の昼間に利用してもらえれば，とシニア層の獲得に意欲的。
　座り心地のよい椅子を置き，スタッフが親しみを込めて声をかけるなどサービスを強化しているという。

＜　応対　＞　※ 以下の状況設定で，来客役に応対してください。

　あなたは，山田部長秘書である。現在午後1時。
　今日，部長は，昼ごろ出張先から直接出社することになっていたが，事故で列車が遅れ，出社は3時近くになると連絡があった。
　そこへ，予約客が約束の時間に訪れた。

課題 B 解答例

< 報告　解答例 >

　失礼いたします。シニア世代に，ゲームセンターが人気ということにつきまして，ご報告申し上げたいと存じますが，ただ今，お時間はよろしいでしょうか。
（上司　はい，どうぞ）
　はい，かしこまりました。
　かつてゲームセンターといえば若者たちのたまり場でしたが，最近は高齢者が増えているということでございます。
　好きなときに行けて老化防止になる，孫との話題ができる，などが人気の理由のようでございます。
　ゲームセンター側は，子供が学校にいる平日の昼間に利用してもらえれば，とシニア層の獲得に意欲的だそうでございます。
　座り心地のよい椅子を置き，スタッフが親しみを込めて声をかけるなどサービスを強化しているとのことでございます。
　以上でございます。何かご不明な点はございませんでしょうか。
（上司　はい，ありがとうございます。）
　失礼いたします。

< 応対のロールプレーイング例 >
○来客「ごめんくださいませ」
●秘書「いらっしゃいませ」
○来客「山田部長様はいらっしゃいますでしょうか」
●秘書「失礼ですが，どちら様でいらっしゃいますか」
○来客「失礼いたしました。私，ABC商事の中村と申します」
●秘書「中村様でいらっしゃいますね，いつもお世話になっております。申し訳ございません。山田は列車の事故で出張先からの帰社が遅れております。出社は3時近くになるとのことですが，いかがいたしましょうか」
○来客「そうですか。では，また改めて出直してまいります」
●秘書「それでは，ご都合のよろしい日時をお聞かせいただけませんでしょうか」
○来客「はい，明日か明後日の午前中にお願いできますでしょうか」
●秘書「かしこまりました。明日か明後日の午前中ですね。山田が出社次第，至急確認いたしまして，こちらからご連絡差し上げます。失礼いたしました」
（来客役「はい，ここまでにいたします」）

秘書検定 1級・準1級新クリアテスト

2012年3月 1日　初版発行
2024年7月20日　第6刷発行

編　者　公益財団法人 実務技能検定協会 ©
発行者　笹森 哲夫
発行所　早稲田教育出版
　　　　〒169-0075　東京都新宿区高田馬場一丁目4番15号
　　　　株式会社早稲田ビジネスサービス
　　　　https://www.waseda.gr.jp/
　　　　電話　(03) 3209-6201

落丁本・乱丁本はお取り替えいたします。
本書の無断複写は著作権法上での例外を除き禁じられています。購入者以外の第三者による本書のいかなる電子複製も一切認められておりません。

SECRETARY

準1級 06
直前模擬試験
テスト 1
解答&解説 編

この解答・解説編は，本体部分を押さえながら，ていねいに引っ張ると取り外すことができます。

必要とされる資質

1 解答：3)
「解説」 今，Bに辞められては困るということである。従って，そのためにはBに考え方を変えてもらわなければならない。気が合わないのは当人同士の相性の問題で，Cを説得するようなことではない。

2 解答：5)
「解説」
1) 万一このような相談をするときは，機会を改めてすべきであり，雑談程度で持ちかけるようなものではない。
2) 笑顔はよいが，質問に対して何も言わないのは失礼なので不適当。
3) 秘書としての立場を忘れ，上司に不都合なことまでも話すのは許されない。
4) 秘書の立場を守るとしても「お話できない」とむげに断ったのでは，人間関係（常務との関係）を悪くしてしまうことになる。

職務知識

3 解答：5)
「解説」 上司が出席しないと差し支えがあることであっても，上司に確認せずに出席にしてしまう，というのは不適当である。

4 解答：5)
「解説」 パーティーには，営業部長が代理で出席することになったのである。従って，祝辞は営業部長の代読ということになるから，部長が当日持参して読み上げることになる。また，パーティーでの祝辞は取引先に届けるというものではないので，いつまでに届ければよいか確認するのは不適当ということである。

一般知識

5 解答：5)
「解説」 終身雇用とは，定年まで保障する雇用形態。死ぬまでではない。

6 解答：4)

「解説」 「ボトムアップ」とは，組織の意思決定の仕方のことで，下位が発議し，それを上層部が決める方式のこと。

マナー・接遇

7 解答：4)

「解説」
1)「ございますか」→「いらっしゃいますか」となる。
2)「どなたを」→「どの者を」となる。
3)「お待ちして」→「お待ち」または「お待ちになって」となる。
5)「おっしゃられても」→「おっしゃっても」となる。

8 解答：5)

「解説」 「祝詞」とは，神事のとき，神官が神前で趣旨などを述べる文章のことである。

9 解答：2)

「解説」 お中元やお歳暮は，日ごろお世話になっている相手に感謝の気持ちを届ける贈答であるから，喪中であっても贈る。年賀状と混同しない。

10 解答：3)

「解説」 「献呈」とは，著書などを感謝やお礼の印として，その相手へ贈ることである。賀寿の上書きは「寿」や「御祝」などがよい。

11 解答：5)

「解説」 「会席料理」とは酒宴の席で出される料理のことである。

技　能

12 解答：4)

「解説」 「パネル・ディスカッション」とは，あるテーマについて異なる意見を持った数人（パネリスト）が，参加者の前で討議し，その後，参加者も質問を通じて加わる討議形式のことである。問題の説明は「シンポジウム」のことである。

13 解答：4)

「解説」 「ご恵贈」は，相手から品物を贈られたとき，礼状などで使用する言葉。この場合は，「心ばかりの品ですが，ご笑納ください」とする。

14 解答：5)

「解説」 「秘」扱い文書を渡す場合，指名人が不在の場合は戻ったときに直接手渡すか，不在の場合は秘書に受領印をもらい渡す。その場合は「親展」の表示で「秘」扱いであることは分からないようにする。メモに「秘」扱い文書と書いたのでは，封筒の中が「秘」扱い文書が入っていることが，秘書以外にも分かってしまう。

記述問題　　　　　　　　必要とされる資質

15 解答例

1. 秘書という肩書を意識し過ぎないようにする。
2. 周囲の人に，自分から進んで言葉をかけたり，あいさつをしたりする。
3. 仕事以外での態度や言葉遣いが，以前と変わっていないか考える。

「解説」 社長秘書になってから，近寄り難くなったというのであるから，以前と比較して，その違いを気にすればよいことになる。無意識のうちに優越感が出ていないか。周りの人の協力で仕事が円滑に進むことを意識し，よい人間関係をつくり上げていくことが大切である。解答例の他に，「周囲の人と，公平に付き合うようにする」，「社員の交流の機会に，積極的に参加する」などもよい。

記述問題　　　　　　　　職務知識

16 解答例

1. 出社予定日
2. 社内の誰に退院のことを伝えるか。
3. 出社までに準備しておくことはあるか。

「解説」 解答例の他に，「退院当日の手伝いが必要か」，「車の手配はどうするか」などもよい。

記述問題　一般知識

17 解答例
1) 弁理士
2) 公認会計士
3) 公証人
4) 監査役

記述問題　マナー・接遇

18 解答例
1) いらっしゃいました，おいでになりました，みえました，など。
2) 参ります，伺います，お邪魔します，参上します，など。
3) 承ります，伺います，お聞きいたします，など。
（いずれか二つ）

19 解答例
1) 秘書の仕事はチームプレーで当たらなければならないことが多く，お互いコミュニケーションをとりながら仕事を進める必要があることを理解させる。
2) Bの行っている仕事を無視しないように注意し，常に関心を持つように意識しなければいけない。

「解説」 2)は解答例の他に，「当面の間はBの仕上げた仕事を最終的にチェックし，上司に迷惑がかからないようにフォローするようにする」などもよい。

20 解答例
1) 香典返しをするとき。
2) 心付けを渡すとき。
3) 身内の祝い事を記念して贈り物をするとき。

「解説」 解答例の他に，1)「御布施を渡すとき」，2)「目下の人に対してお礼をするとき」，3)「慶事のお返しをするとき」などもよい。

記述問題　　　　　　　　　技能

[21] 解答例

```
                              総発第30号
                              令和×年11月1日
社員各位
                              総務課長

        健康保険証の更新について（通知）

このたび健康保険証が更新されるので，下記の通りに願います。
                   記
1   新保険証は，11月25日に配布します。
2   旧保険証は，各課で取りまとめの上，11月20日までに総務課
   へ返却してください。
                                     以上
              担当　総務課　佐藤A
```

[22] 解答例

　　右図参照

「解説」　同期入社の同僚が主任になって転勤ということ
　　　は，栄転である。上書きは解答例の他に，「御
　　　餞別」などもよい。二人の名前は，先輩を先に
　　　することになるので，解答例のようになる。

（のし袋：栄転御祝　松本真理　飯島京子）

23 解答例

1) 名刺の数が多いときは，名刺整理箱を利用し，カード式で整理する。
2) 業種別・会社別・個人名の五十音順などで分類する。
3) 新しく受け取ったり，取り出したりした名刺は，ガイドのすぐ後ろに入れる。
4) 肩書や住所・電話番号などに変更があれば訂正しておく。

「解説」 解答例の他に，「受け取った名刺には，日付・その人の特徴・用件などをメモしておく」，「1年に一度ぐらいは整理して不要なものは破って（裁断して）破棄する」などもよい。

準1級 07 本試験問題 テスト2 解答&解説編

SECRETARY

◎設問ごとの難易度ランクを付けていますので，参考にしてください。
★の数が多いほど難しい。

必要とされる資質

1 解答：4) 　　　　　　　　　　　　　　　難易度ランク ★★
「解説」　前上司に対して望んだことを話したということは，前上司に対する要望や期待を話したということである。上司の仕事の補佐が秘書の仕事である。内心，上司への要望や期待があったとしても，秘書は，それを表立てて言える関係でもないし立場でもないということである。

2 解答：5) 　　　　　　　　　　　　　　　難易度ランク ★★★★
「解説」　上司が部下に当たる原因は分かっているのだから，部下たちにそれを伝えて安心させるのは秘書としての気遣いである。自分が近くにいれば上司が少しは気にするだろうと言うのは，秘書の振る舞いで上司に影響を与えられるかのような印象を与えるので，不適当ということである。

職務知識

3 解答：4) 　　　　　　　　　　　　　　　難易度ランク ★★
「解説」　苦情への対応というのは，不平や不満への対応ということで感情が伴うことがある。このようなことは，一方的に事務的に処理するのは難しく電話の方が適している。従って，電話でなくメールの方がよいかもしれないというのは不適当ということである。

4 解答：5) 　　　　　　　　　　　　　　　難易度ランク ★★★
「解説」　「献上」とは物を差し上げる意味だが，皇室献上のように使う言葉で，一般の人が使う言葉ではないので不適当である。この場合は，「謹呈」「呈上」などが適した言葉になる。

一般知識

5 解答：2) 　　　　　　　　　　　　　　　難易度ランク ★★
「解説」　「カスタマー」とは，「顧客」のことである。

6 解答：3)　　　　　　　　　　　　　　　　　　難易度ランク ★★★
「解説」　「NPO」とは，「民間非営利団体」のことである。

マナー・接遇

7 解答：4)　　　　　　　　　　　　　　　　　　難易度ランク ★
「解説」　「お読みなさる」とは，「お読みになる」に，さらに「なさる」を付けたものだが，このような言葉遣いはない。この場合は「～お読みになっていらっしゃいます」などが適当ということになる。

8 解答：4)　　　　　　　　　　　　　　　　　　難易度ランク ★★
「解説」　このようなことは，Aが上司の代理であることを上司に証明してもらったということになる。場合によっては必要なこともあろうが，この場合は，お祝いの品を届けたことですでに上司の代理であることは分かることなので，不適当ということである。

9 解答：3)　　　　　　　　　　　　　　　　　　難易度ランク ★
「解説」　「気を付けなさって」は，「気を付けて」に「なさる」を付けていて，このような言葉遣いはないので不適当ということである。この場合は，「お気を付けになって」「お気を付けて」などのように言うのが適当ということになる。

10 解答：4)　　　　　　　　　　　　　　　　　　難易度ランク ★★★★
「解説」　応接セットでの上座は，出入り口から遠い奥の席なので，この場合は⑥，②，⑤，③の順になる。となると来客は3人なのだから，まずは上位三つの席に座ってもらう。次に上司が③，課長は補助椅子になるが，上司と近い席の方がよいので④が適当ということである。

11 解答：2)　　　　　　　　　　　　　　　　　　難易度ランク ★
「解説」　「傘寿」とは，傘の略字が八十と読めるところから，80歳の祝いのことである。

技　能

12 解答：3)　　　　　　　　　　　　　　　　難易度ランク ★★★★

「解説」「公報」とは官庁が，広報のために出す施策や業務の報告のことである。

13 解答：4)　　　　　　　　　　　　　　　　難易度ランク ★★

「解説」「他事ながらご休心‥‥」とは，あなたには関係ないことかもしれないが安心してくださいという意味である。従って，‥‥心配しないで休むようにということとは意味が違うので不適当ということである。

14 解答：1)　　　　　　　　　　　　　　　　難易度ランク ★★★

「解説」「気付」とは，その人が，例えば旅行などで立ち寄っている所に，郵便物などを送るときに使う用語。ホテルなら，ホテルに「気を付けるように」という意味である。従ってこの場合は，ホテル名に付けるのがよいことになる。

記述問題　　　　必要とされる資質

15 解答例　　　　　　　　　　　　　　　　難易度ランク ★★★

1. 秘書の立ち居振る舞いや言葉遣いは，会社や上司のイメージに影響を与える。
2. 従って，会社や上司のイメージを悪くするような立ち居振る舞いや言葉遣いには，注意しないといけない。

「解説」そんなこと言われたことない，ということに注意をするのだから，納得させるためには，なぜそうしないといけないのかを言うことになる。解答例の他に，「営業課で注意されなかったのは，秘書課とは基本的なところで仕事が違うからだ。秘書になったのだから，秘書課員として周囲に合わせないといけない」などもよい。

記述問題　　　職務知識

16 解答例　　　　　　　　　　　　　　　　　難易度ランク ★★

1. 掲載予定日
2. 返事の期限
3. N紙の担当者名，連絡先

「解説」　取材申し込みなので，上司が取材を受けるために分かっていなければならないことを聞いておくことになる。解答例の他に「取材に応じるのは上司以外の者でもよいか」などもよい。

記述問題　　　一般知識

17 解答例　　　　　　　　　　　　　　　　　難易度ランク ★★★★

1) 権威者
2) 消費者
3) 経営幹部・重役
4) 政府や団体の意見発表担当者

記述問題　　　マナー・接遇

18 解答例　　　　　　　　　　　　　　　　　難易度ランク ★★★

1) お呼び立ていたしまして申し訳ございません。
2) ご自宅までお電話いたしまして申し訳ございません。
3) 山田の代理でお電話させていただきました。
4) ただ今お時間はよろしいでしょうか。

19 解答例　　　　　　　　　　　　　　　　　難易度ランク ★★★

1) 目下の人などに，少額または心ばかりの謝礼をするとき。
2) 交通費という名目で支払う謝礼のとき。
3) 病気見舞いのお返しをするとき。

「解説」　3)は，「病気がよくなったときの内祝いをするとき」などもよい。

20 解答例 　　　　　　　　　　　　　　　難易度ランク ★★★★
1. Bに,「あいさつは,されたら返すものだ。そうでないと,一緒に気持ちよく働くことができなくなる」と注意する。
2. 他の同僚と相談してBに対しては,意識して明るくはっきりしたあいさつをするようにする。

「解説」 あいさつを返さないBに,あいさつを返してもらうためにどうするかということなので,あいさつの意味を話すとか,Bに意識してもらえるようなあいさつの仕方などが答えになる。解答例の他に「『中村さん,おはよう』などのように名指ししてあいさつするようにする」などもよい。

記述問題　　　　　　　　　　　　　技能

21 解答例 　　　　　　　　　　　　　　　難易度ランク ★★★★
CC欄に入力すると,宛先の受信者は,CC欄の受信者にも同じメールが送られていることを確認できる。が,BCC欄に入力すると,宛先の受信者は,自分以外に送られた人がいるかどうかは分からない。また相互のアドレスがわからないようにする目的もある。

22 解答例 　　　　　　　　　　　　　　　難易度ランク ★★★
1. F支社における主な予定。
2. 用意する資料。
3. 同行者の有無。

「解説」 出張の準備であるから,解答例の他に「希望宿泊ホテル」「仮払いの金額」などもよい。

23 解答例　　　　　　　　　　　　　　　難易度ランク ★★★

1. 棒グラフにする。
2. タイトルを入れる。
3. 基点の0を入れる。

「解説」 1. この場合は多寡（多い少ない）を表すのだから，棒グラフが適切になる。
2. タイトルがないと何のグラフか分からない。
3. 基点がないと数量が分からない。

SECRETARY

1級 **14**

直前模擬試験

テスト **1**

解答&解説 編

必要とされる資質

1 解答例
1. 秘書業務の予定や結果などを時間を決めるなどして秘書間で定期的に報告し合う。
2. チーム秘書であっても特定の上司を担当するようにし、一人一人上司の性格や仕事の進め方、好みに合った秘書業務をする。
3. 上司による性格や仕事の進め方、好みの違いなどについて小まめに情報交換をする。

「解説」　秘書業務の質を高め、上司に満足してもらえるようにするには、それぞれの上司に合った秘書業務をすることである。そのためには、上司の性格や好みなどを知らないとできないことである。チーム秘書のメリットやデメリットを考慮した上で、上司を知るための具体的な方法を答える。解答例の他に、「問題が発生した場合は、A に必ず報告させ、秘書業務の質が落ちないよう迅速に解決策、改善案を話し合う」などもよい。

2 解答例
1. 日常的な定型業務は、上司が本来の仕事に専念できるように、上司の指示を待たずに、自主的に行うようにする。
2. 上司から指示をされて仕事をしたとき、それに付随する必要なことは、指示がなくても行うようにする。
3. 上司の仕事に付随する業務や、時期的に予想される定型業務は、自分から申し出るようにする。

「解説」　気を利かせた仕事の仕方とは、上司が求めていることや望むことを察知し、先手で行動できることである。定型業務であれば積極的に申し出たり、指示に付随する仕事や予測される仕事の準備をするなど、具体的な仕事の仕方を答えればよい。解答例の他に、「上司の言動から何を求めているかを察して、それに適切に対応するようにする」などもよい。

3 解答例

「常務は企画書をご覧になりましたが、数字が違っているとのことでした。恐れ入りますが、ご確認いただけませんでしょうか」

「解説」 Aが部長に企画書を返却するとき、上司の言葉をどのように言い換えればよいかということである。「以前にも同じようなミスがあったが、こんないいかげんなことでは困る」というところは上司の部長への注意であるので、直接的に言わずに「ご確認いただきたい」という気遣った言い方をする。

職務知識

4 解答例

1. 上司の明後日のスケジュールを見て3時に他の予定が入っていないかどうかを確認する。
2. 会議室の使用時刻変更を担当部署に連絡し、3時に再予約する。
3. 会議の時刻変更を出席予定者と人事部内の関係者に知らせる。念のためT部長にも知らせる。
4. 処理を終えたら上司に連絡する。

「解説」 会議開催時刻の変更であることから、準備に関連することを再度調整し直すことになる。上司主催であることから、上司のスケジュール確認・会議室使用時刻変更・出席予定者への連絡を順に行い、変更したことを上司に報告するという流れを答える。

5 解答例

1. 上司出張中の代行者に取引先の工場に被害があったことを伝え、詳細を調べてみると言う。
2. 上司は現在移動中であり、連絡が取れるのは2時間後であることを代行者へ伝え、その間の指示をお願いする。
3. 詳細を調べるために、取引先の営業担当者に連絡し、現状を問い合わせてもらう。
4. Aは、取引先の被害の状況を関係者に伝え、見舞金などの前例を調べておく。
5. 上司から連絡が入り次第、取引先の被害状況を伝え、こちらで進んでいる対処も伝えながら、改めて上司から指示を得る。

6. 上司からの指示を，代行者にも知らせておく。

「解説」　取引先工場の被害をニュースで知ったAが，上司とすぐに連絡が取れない状況において行うべきことを答える。代行者への連絡や被害状況の情報収集など関係者への連絡が主になり，上司と連絡が取れるときには，詳細を伝え指示を仰げるようする。これらをAが対処する順に書く。

一般知識

6　解答：2)
「解説」　「友引」とは，友を引くと言われ，葬式を行うのによくないとされる日のことである。

7　解答例
1) 民事に関する事実を公に証明できる権限を持つ公務員
2) 公認会計士法に基づいて財務書類の監査，証明を職業とする人
3) 各種社会保険の書類作成や提出の代行を職業とする人
4) 裁判所や法務局に提出する書類の作成や手続きの代行を職業とする人
5) 特許，実用新案などの出願手続きなどの代行を職業とする人
6) 官公庁に提出する書類の作成や手続きの代行を職業とする人
7) 税務の代行，税務相談などを職業とする人

「解説」　企業と関わる職業の名称である。

マナー・接遇

8　解答例
1) 榊（さかき）の枝で作った玉串を神前に供える儀式のこと。
2) 試合前の合宿などのときの激励に，物品を贈るときの上書き。
3) 88歳になった長寿の祝いをすること。

9 解答例

1)「お話の途中大変申し訳ございません。他に急ぎの電話が入ったようでございます。恐れ入りますが,いったん切らせていただき,改めてこちらからおかけ直しいたしますが,よろしいでしょうか」
2)「お話し中のところ失礼いたします。田中様に御社の部長の山本様からお電話が入っておりますが,いかがいたしましょうか」
3)「お呼び立ていたしまして申し訳ございません。私は鈴木の秘書の石田と申します」

「解説」
1) 話を中断するわびの言葉「恐れ入りますが」など,相手を気遣う言葉を添える。
2) 上司と用談中であることについて「お話し中のところ失礼いたします」とわびる。
3) 「お呼び立ていたしまして申し訳ございません」など,呼び出したことをわびる。

10 解答例

1. お歳暮など恒例の贈答品は,相手先別に台帳を作成して管理する。
2. 品物は決まっている期間内に届くように手配する。その他の贈答はタイムリーに送る。
3. 品物を選ぶときは,予算や相手との関係,相手の条件(取引高,家族構成など)を考慮する。その他の贈答は目的も考慮する。

「解説」 歳暮とはその年に世話になったことへの礼の気持ちを伝えることである。会社では儀礼的であり慣例的なことでもある。毎年のことでもあるので台帳による管理,贈答のタイミング,品物の選び方,添え状など贈答に関する全般的なことを答える。解答例の他に,「品物を贈るときは添え状を付ける」などもよい。

11 解答例

「せっかくお越しいただきましたのに大変申し訳ございません。Tはやむを得ぬ急用で外出してしまいました。秘書の方にご連絡を差し上げたのですが,既にお出かけとのことで,大変失礼をいたしました。Tは,日を改めてお目にかかりたいと申しておりますが,いかがいたしましょうか。よろしければ,ご都合のよろしい日時を二,三お教え

　　　　　くださいませんでしょうか。」

「解説」　予約客を上司の都合により再調整するということである。まず，謝りの言葉が必要である。上司の状況を伝え，連絡を入れたが出かけた後であったことも謝る。また，M氏の都合のよい日時を尋ねておかなければならない。

12　解答例
1) 上司の名前を書き，その下に小さく(代)と記入する。
2) このたびはご愁傷さまで(ございま)した。
3) 個人的な会話は慎み，目礼程度のお辞儀をするだけにする。
4) 不祝儀袋を受付の人に向けて両手で差し出す。
5) 黒色のワンピースかスーツにし，アクセサリーは結婚指輪と一連の真珠のネックレス以外着けない。

「解説」　告別式への参列の服装や態度，振る舞いなどは慣習的なことが多い。Bは初めて代理参列をするので，Aは基本的なことを教えればよい。

13　解答例
「大変申し訳ございません。ただ今鈴木は仕事が立て込んでおりまして，お会いする時間をお取りいたしかねます。また，今は購入の予定はないと申しておりました。お願いするときはこちらからご連絡を差し上げたいと存じますが，よろしいでしょうか」

「解説」　上司の友人に対して配慮ある断り方ができるかどうかである。購入の予定がないので，そのことははっきりと断り，会えない理由は時間が取れないからであると上司側の事情にしておく。お願いするときはこちらから連絡をするなど，上司と友人の今後の関係への配慮もポイントである。

14 解答例

1) 「お忙しいところおいでくださいまして恐縮でございます」と言って芳名録に記名してもらい、「始まっておりますのでご案内いたします」と言って会場まで一緒に行きドアを開けて、入ってもらう。
2) 「失礼いたします」と言ってそばへ寄り、左胸のあたりに着けさせてもらう。
3) 「恐れ入りますが、ご記名をお願いできませんでしょうか」と言って、手で筆記具を示す。
4) 「さようでございますか。お忙しいところをありがとうございました。お気を付けになってお帰りくださいませ」
5) 「恐れ入ります。ちょうだいいたします」と言って両手で受け取る。

「解説」 祝賀パーティーの受付は会社の印象につながることを意識しなければならない。来客に対する配慮ある言葉と振る舞いの両方を具体的に教える。

技　能

15 解答例

1. 業務に関する郵便物と私信とに分ける。
2. 業務用の郵便物でも、表に「親展」「書留」と表示されているものは開封してはいけない。
3. 郵便物は原則的には開封して渡すが、私信または私信と思われる郵便物は開封してはいけない。
4. こちらから出した手紙の返事については、手紙の控えを添えて渡す。
5. 上司に必要ないと思われるダイレクトメールなどは、捨てるか該当（担当）部署に回す。

「解説」 上司への郵便物の渡し方である。郵便物の種別についての取り扱い方、私信と業務用の郵便物の区別、重要・緊急、DMなどの郵便物の取り扱い方と上司への配慮を含めた全般な事柄について触れ、教えないといけない。解答例の他に、「開封した郵便物は封筒と中身をクリップなどで留め、急ぐものや重要と思われるものを上にして渡す」「『書留』『簡易書留』『現金書留』と表示されているものは、渡す前に受信簿に記録する」などもよい。

16 解答例

右図参照

「解説」 内容としては，祝いの言葉，今後の活躍を期待するという気持ちを込めた言葉などを，「拝啓」「敬具」時候のあいさつを用いて，形式の整った礼状として書くのがよい。
なお，「ご昇進」は「ご栄転」でもよい。

拝啓　向寒の候，ますますご健勝のこととお喜び申し上げます。
さて，このたびは，営業本部長にご昇進の由，心からお祝い申し上げます。日ごろのご精励が認められてのご昇進と敬服いたしております。
今後は実力をさらに発揮されましてご活躍なさいますよう，お祈り申し上げます。
まずは，取りあえずご昇進のお祝いまで。

敬具

17 解答例

右図参照

「解説」 「営業部員採用数」は，人数が多いか少ないかなのだから棒グラフにする。その際，男女別の構成が分かるようにすることが必要。「売上高推移」は，どのように移り変わっているかなのだから折れ線グラフになる。また，タイトル，目盛り，単位，基点の0はグラフには必須事項である。

F社「男女別営業部員採用数」および「売上高推移」

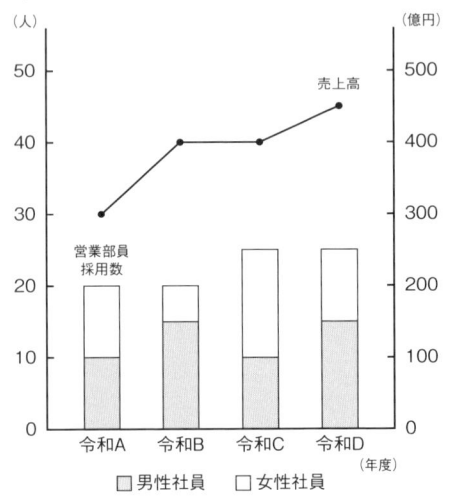

（人）　　　　　　　　　　　　　　　（億円）

年度	男性社員	女性社員	売上高
令和A	10	10	300
令和B	15	5	400
令和C	10	15	400
令和D	15	10	450

SECRETARY

1級 15

本試験問題
テスト 2
解答 & 解説 編

必要とされる資質

1 解答例
1. 二人の関係にBは関係がないのだから、うわさは気にしないこと。
2. 二人に対する秘書業務に、偏りがないように気を付けること。
3. 一方の部長から一方の部長のことを尋ねられた場合は、よいことだけを話すようにすること。

「解説」 部長のライバル意識はBには関係ないことなのだから、気にしないことと、秘書業務に偏りがあってはいけないことを助言することになる。解答例の他に、「他の人から二人の部長のことについて尋ねられても、自分には分からないと答えること」などもよい。

2 解答：3)
〔理由〕 この場合、上司が不在のとき課長に取り次ぐという一般的な対処法では、会社として深入りしたくないと考えている上司の意向に沿った対応にならないと考えられる。なぜなら、もし課長が十分事情を把握しないまま取材に応じてしまうと、深入りしてしまうことになる危険性があるからだ。

「解説」 課長でしたら対応できると言ったところが不適当ということになる。なるべく深入りしたくないと言っていたことへの取材なのだから、部長の出張は断るのにちょうどよかったことになる。

職務知識

3 解答例
1. K氏に、おおよその用件を教えてもらえないかと言って聞く。
2. K氏に、上司と連絡を取って折り返し連絡をするので、都合のよい時間を教えてもらいたいと言って尋ね、いったん電話を切る。
3. 上司に連絡を取り、K氏のことを伝えて指示を受ける。
4. 出張先の電話番号を教えてよい、または上司から直接連絡するということなら、K氏にそのことを伝える。
5. 教える必要がないということなら、そのことをK氏に伝えて、上司へ伝言があればAから伝えると言って聞いておく。

「解説」　出張先の電話番号は，特別なことがない限り教えてはいけないのだから，急いで連絡したいことがある，ということであっても，上司の指示を得ることになる。そのためにしなければならないことを順に答えていくことになるが，上司の指示は，幾つか考えられるので，それぞれのその後の対処までを答えていくことになる。

4　解答例

1. 事務局に，返事はできるだけ早くすると言って，役員会のおおよその内容を聞いておく。
2. F支店に電話をし，上司につないでもらう。すぐに出られないということなら，できるだけ早くAあてに連絡をもらいたいと伝言を頼む。
3. 上司と連絡が取れたら，業界団体事務局からの役員会のことを伝え，上司の意向を確認する。
4. 役員会に出席できないということなら，上司から業界団体の事務局へ連絡してもらう。または伝言をAが事務局に伝える。
5. 役員会に出席するということなら，上司と時間を調整して都合のよい時刻を業界団体の事務局へ知らせる。

「解説」　上司に役員会出席の都合を確認し，それを事務局に報告するまでを順に答えていくのだから，まず，事務局に役員会の内容を尋ねることから始まる。次に，上司に連絡することになるが，上司とすぐに連絡が取れない場合のこと，また役員会に出席する場合，欠席する場合の対応までが答えになる。

5　解答例

1. まず上司に，出席の連絡をしてある会議に欠席することが多くなっている状況を具体的に伝え，対応しなくてよいか尋ねてみたらどうか。
2. 対応が必要だと言われたら，出欠の返事をすぐにしないで締め切りぎりぎりまで待つことにしてはどうかと提案する。
3. 代理出席できる会議などの場合，予定が重なりそうになったら，Bの方から代理出席の調整を申し出る。

「解説」　まず，先方に迷惑をかけていることを上司に知ってもらうことが必要である。その後迷惑をかけないようにするためにはどうすればよいかを具体的に答えていくことになる。解答例の他に，「代理出席できな

い会議などの場合，出席が難しい状況になったら，Bの方から早めに出欠の再確認をして先方へ連絡をする」などもよい。

6 解答例
1) 累進課税
2) 源泉徴収
3) 基礎控除
4) 可処分所得

7 解答例
1) 市場価格の決定に強い影響力を持つ企業のこと。
2) コンピューターを利用して，情報を自由に処理する能力のこと。
3) 道徳的節度を失って行動する危険性のこと。
4) 建物や装置などを維持するのに必要な経費のこと。
5) 規模が大きくなることによって生じる有利性のこと。
6) 商業上の採算のこと。
7) 現在かかっている医師とは別の医師の意見のこと。

マナー・接遇

8 解答例
1) （きょうねん）死亡したときの年齢。
2) （　がじゅ　）長寿を祝うこと。
3) （　ぶつめつ　）縁起が悪いとされる日。
4) （　きあけ　）喪に服する期間が終わること。
5) （たまぐしほうてん）神前に，榊をささげること。

「解説」　解答例の他に，4)「忌明け」は，「いみあけ」と読んでもよい。

9 解答
1) ○　　2) ×　　3) ○　　4) ○
5) ○　　6) ○　　7) ×

「解説」　2) 返信はがきは出欠が分かればよいというものではあるが，祝賀パーティーの場合なら，出欠のどちらにしてもお祝いの言葉と，欠席

の場合はその理由も書き添えるのがよい。従って，欠席のときは何も書かないのがよいというのは，間違っているということである。

7）パーティーは，最後までいなければいけないというものではないので，途中で帰ることは差し支えない。ただし，途中で帰ると言えば，華やかな雰囲気に水を差すことになる。従って，あいさつをしないで帰るのがよく，あいさつしてから帰るようにするというのは，間違っているということである。

10 解答例

1. 話すときの声の大きさに気を付け，トーンを少し上げて大きめの声で話す努力をする。
2. 話し方に，生き生きとした張りを持たせ，明るい調子で話す努力をする。
3. 頼りない話し方は態度とも関係があるので，自信を持った態度で振る舞う。

「解説」 解答例の他に，「語尾がはっきり分かるように話す」，「相手から目をそらさずに話す」などもよい。

11 解答例

1）常務はただ今外出していますが，4時ごろ戻る予定でございます。こちらから大沢様にお電話を差し上げるように申し伝えます。
2）中田はただ今外出しておりまして4時ごろ戻る予定でございます。戻りましたらこちらから落合部長様にお電話を差し上げるよう申し伝えます。
3）常務さんはただ今外出していらっしゃいます。4時ごろにはお戻りになるご予定ですので，戻られましたらご自宅にお電話をなさるようお伝えいたします。

「解説」 上司のことをどのように言うか，上司の行動をどのように言うかは，上司と電話の相手との関係で違ってくる。上司のことは，1）Ａも顔見知りの上司の親友なので，「常務」，2）取引先の部長なので，「中田」，3）上司の家族なので，「常務さん」となる。また，3）の上司の行動は尊敬表現の「外出していらっしゃいます」「戻られましたら」などのようになる。

12 解答例
1. 理由を話して上司が面会できなくなったことと，課長も会えないことを話し，約束をしていたのに申し訳ないとわびる。
2. 次の面会を予定させてもらいたいと言って，四，五日あとぐらいのM氏の都合のよい日時を尋ねておく。
3. 上司と相談して返事をさせてもらうと言う。

「解説」 まずわびることになるが，そのとき，火災の対策会議の出席のためという緊急事態の理由を話す。その後，こちらの事情で面会ができなくなったのだから，次の面会ができるようにM氏の都合を尋ねて，返事をさせてもらうと言うことが答えになる。解答例の他に，「上司に伝えておくことはないかを尋ねておく」などもよい。

13 解答例
1) ご足労いただきまして恐縮で（ございます）す。ご依頼いただいた資料はこちらでございます。
2) 少々お時間がかかりますので，申し訳ございませんが，そちらの応接コーナーでお待ちくださいませんでしょうか。
3) 詳細は後ほどメールでお知らせいたしますので，恐れ入りますが，こちらに鈴木様のメールアドレスをお書き願えませんでしょうか。

「解説」 「すみません」を別の言葉で言うと，「恐縮でございます」，「申し訳ございません」，「恐れ入ります」などである。これらを，それぞれの来客に対する丁寧な言葉遣いの中に，重ならないようにして言うことになる。

14 解答例
① 見舞いに行く前にすること
1. 上司や部員からの見舞金（品）などの取りまとめや準備をする。
2. 上司や部員に，課長への言づてなどがないかを確かめる。
3. 見舞いに行くことは，課長の家族に分かるようにしておく。
② 見舞いに行ったときに心がけること
1. 短時間で切り上げる。
2. 上司や部員からの言づては伝えるが，仕事に関する話は必要以上にはしない。
3. 同室の患者への配慮を忘れない。

SECRETARY 15　1級 本試験問題　テスト2　解答&解説 編

「解説」　解答例の他に，①には，「服装やアクセサリーは華美にならないよう気を付ける」②には，「課長を力づけるように明るく振る舞う」などもよい。

技　能

15　解答例
1. 来客に対して，きちんとした印象を与えるため。
2. 上司の部屋の印象は会社の印象にもつながり，会社や上司が信頼される元となるため。
3. 上司が快適な環境で仕事ができるようにするため。

「解説」　解答例の他に，「上司の地位にふさわしい部屋の品格を保つため」などもよい。

16　解答：3)
体調を崩している上司の理事会出席へ同行ということだから，Aの同行は上司の体調看護である。話題というようなことであっても理事会の席上で，補足にしても部外者が説明することではないということである。

17　解答例
右図参照

「解説」　悔やみ状なので，頭語，結語，時候のあいさつは書かない。ただしこの場合は，いわば香典の送り状を兼ねているので，最後にそれを言う必要がある。

このたび，貴社会長M様ご逝去のこと，ご遺族様をはじめ，社内ご一同様のご愁傷いかばかりかと，お察しいたしております。
ここに謹んでご逝去を悼み，ご冥福をお祈り申し上げます。
遠方のため，すぐに伺えませんので，取り急ぎ書中をもってお悔やみを申し上げます。
なお，同封いたしましたのは心ばかりのものでございますがご霊前にお供えくださいますようお願い申し上げます。

秘書検定 1級・準1級新クリアテスト
解答・解説編

2012 年 3 月 1 日　初版発行
2024 年 7 月 20 日　第 6 刷発行

編　者　公益財団法人 実務技能検定協会 ©
発行者　笹森 哲夫
発行所　早稲田教育出版
　　　　〒169-0075　東京都新宿区高田馬場一丁目4番15号
　　　　株式会社早稲田ビジネスサービス
　　　　https://www.waseda.gr.jp/
　　　　電話　(03) 3209-6201

落丁本・乱丁本はお取り替えいたします。
本書の無断複写は著作権法上での例外を除き禁じられています。購入者以外の第三者による本書のいかなる電子複製も一切認められておりません。